東西方文化的融合與發展

拜占庭的智慧

龔方震　著

U0084540

前言 FOREWORD

東西方文化的融合與發展

中世紀的地理觀念以地中海作為世界中心，海的東岸即稱東方。羅馬帝國分立東西二帝後，東方崛起了拜占庭帝國。拜占庭自稱為羅馬人，許多史家也視這一帝國為羅馬帝國的延續，或者說是東羅馬帝國。

實際上，拜占庭有其獨特的文化，它既繼承了基督教文化，又巧妙地溶入了希臘文化；它的政治體制也不全以羅馬帝國為標準，而是有所創新。拜占庭的生活習慣帶有強烈的東方色彩。它敢於頂撞「正統」的羅馬教會，修改了許多儀式規範，發展成獨立自主的教會，因而被視作異端，但它們學術的繁榮又遠遠高出於當時的西方各國；西方正處於中世紀的黑暗時期，在東方卻閃耀著一顆明珠。

十九世紀的一位法國歷史學家朗波（A. Rambaud）稱這個國家是「歐洲和東方野蠻主義的分界線」，意思是既不同於歐洲，又有異於蠻族。也許更正確地說，拜占庭不是分界線，而是東西文化的交會：沒有基督教，拜占庭舞台上就缺少了個主角；沒有強烈的希臘文明的滲透作為背景，這台戲不可能演得那樣光彩奪目。

拜占庭帝國存在千年之久，歡樂和悲傷交織一起，勝利和挫折不時起伏。歷經波折之後，它衰老了，但猶似一個老嫗仍滿戴著珠寶綠玉，不失其年輕時的光輝。

這個帝國的四周都是虎視眈眈的敵人，諾曼人要征服它，

斯拉夫人、阿拉伯人要積極擴張，教皇要凌駕於其上，還有一些東方的「蠻族」不斷前來騷擾。但正是拜占庭人的智慧，使帝國的統治能持續達千年之久。

本書以史料為依據，勾勒出他們禦敵的智慧和富國強兵的智慧，從中可以看出他們如何運用婚姻外交和遠交近攻、同化政策等手腕來與鄰國周旋；又是如何發明了「希臘火」這一秘密武器，給敵人以重創。

拜占庭的富饒程度，當時的一些外國旅行家曾留下生動的記載。他們是怎樣富裕起來的，本書若干章節的提示，也許可供參考。如拜占庭的絲綢商品長期壟斷西方市場，為國家積累了大量財富，這不得不歸功於它對絲綢工業的保密政策，使技術不至於外流。文藝復興、人文主義早顯現於拜占庭，當代史家已注意到意大利文藝復興所受到的拜占庭之影響；如果沒有拜占庭保存下來大量的希臘著作，也許大多數古希臘作品將湮沒無聞。意大利人愛好希臘文學、哲學，而他們對希臘語的知識來源，主要是十四世紀拜占庭派去了一位教希臘語的教師克里索洛拉斯（Chrysoloras），在那裡任教了四年，然後得到普及。

從十五世紀開始，意大利人紛紛到拜占庭去搜集希臘著作，單是奧里斯派（Aurispa）一人，在一四二二～一四二三年期間就在拜占庭購得了二三八份手抄本。如他所說：「我的整個企業、所有的現金，甚至於我的衣服，都獻給了希臘著作。」所以拜占庭對人類文明的發展所作的貢獻絕不可低估。

本書有一章是敘述他們吸收希臘文化所表現出的智慧。其中還可以看到他們又是如何將它傳播到斯拉夫人中間，最後使莫斯科成了第三個羅馬。

改革是時代的要求，否則就不能適應社會的發展，本書作

了點滴的介紹。拜占庭的改革有的受到阻撓而最終失敗，有的則一直存續至今。如最令羅馬教會感到震恐的教士結婚，現今就由東正教保持著。拜占庭人喜歡奇裝異服，愛好競爭，生活充滿機智；從留傳下來的史料摘錄了一些；可看出他們睿智的生活態度。

拜占庭和中國在歷史上往來頻繁，特別是從我國將蠶種引入，今展了他們的絲綢工業。此外，他們是如何認識中國的，讀者或許會感到興趣，為此專門立了一章。

考慮到海峽兩岸出版物中較有系統地介紹拜占庭歷史的著作還很少，不了解它的興衰史，對拜占庭智慧的歷史背景就很難清楚理解，上下千年的歷史人物又不斷湧現在本書中，所以本書首章簡單介紹它的歷史，書末附錄再列個統治者的年代表。這一年代表雖也見於他書，但海峽兩岸的著作很少注意到是哪個王朝統治；附表中列出了統治王朝的名稱，也許並非無益。

拜占庭歷史上各項重大事件以及政府所採取的對策，歷史學家見仁見智，褒貶不一。湯恩比說：拜占庭的反聖像運動使它處於無政府狀態，已不成為一個真正的國家，沒有一個真正的政府。有些歷史學家則稱反聖像運動是一項宗教改革，利奧三世是馬丁‧路德的先驅者。筆者贊成後一說，它正體現一些拜占庭人反對迷信聖像的智慧。

本書所列出的許多智慧是否屬於智慧，請讀者自己判斷抉擇。最有發言權的是廣大的讀者。

目錄 CONTENTS

Chapter 1
千年盛衰

名垂千古的君士坦丁

　　史學家關於拜占庭帝國的起訖時期，歷來有兩種說法。一種認為應從利奧三世即位之年（公元七一七年）算起，至一四五三年被鄂圖曼大帝國滅亡為止。較多的學者認為所謂「拜占庭主義」早在君士坦丁大帝時即已形成，他定都於新築城市君士坦丁堡，所以應從四世紀算起；一九八五年發行的新版《劍橋中世紀史》第四卷是如此提法。本書採用新版的觀點。

　　從文化意義上說，拜占庭帝國千餘年至少完成了三大職能：第一，早期的羅馬帝國為西方文化奠定了基礎，教育了被認為是文化落後的凱爾特人和日耳曼人；拜占庭則對東歐的斯拉夫人施加了影響，使羅斯、保加利亞、塞爾維亞的文化中帶有明顯的拜占庭標誌。第二，它將東方的物質文化帶到了意大利、法國和德國，包括手工藝品、珠寶工藝和繡織品等。第三，它保存了豐富的古典希臘文獻，其深遠意義無法估量。如果不是拜占庭人愛讀古希臘的作品並輾轉傳抄，使其得以保存，則十四、十五世紀的意大利文藝復興可能是另一種情況。

　　希臘化的拜占庭文化與落後的西歐國家形成了明顯的對照。西歐的一些富有的王公貴族通常不讀書，沒有文化修養。拜占庭世界的富有階層重視教育，受教育不僅是指讀寫和算術的能力，還必須研讀古希臘語法和希臘古典著作；談話中引用一些諸如古典作家荷馬的句子並不鮮見。

　　拜占庭文化之所以如此光輝燦爛，與其帝國的奠基人——君士坦丁大帝不可分割。

　　君士坦丁（二八六？～三三七年）是個常勝將軍，他一個接一個挫敗了對手，最後統一了羅馬帝國。原來的羅馬帝國從

戴克里西皇帝（二三〇～三一六年）開始，已有兩個同等地位的奧古斯都（Augustus，即皇帝），帝國被分成東西兩個區域，以多瑙河至達爾馬提亞之南的亞得里亞海為分界線，兩個區域分別由一個奧古斯都治理，但皇帝的敕令是共同頒發的。每一奧古斯都又各自選定其繼承者，稱為凱撒（Caesar）。

四世紀初，利西尼厄斯是東方的奧古斯都，君士坦丁是西方的奧古斯都。公元三二四年，君士坦丁擊潰了利西尼厄斯軍隊，占領拜占庭，帝國復歸統一。

各種歷史記載中，對君士坦丁的評價並不一致。基督徒稱他是英雄，甚至是一位聖徒。

這是由於君士坦丁在公元三一二年信仰了基督教，三一三年頒布米蘭敕令，宣布宗教信仰自由，確定基督教的合法地位，並把以前羅馬皇帝所沒收的教產全部發還。攻擊他的人認為他是個最無恥的暴君，他的掌權全靠背信棄義和陰謀伎倆。我們且不論他個人的品質如何，或者說他有多麼偉大的政績。足以使他名垂千秋的是他將拜占庭改建成君士坦丁堡，並且遷都於此。如果沒有這個堅固的要塞，沒有它充當東西航運的樞紐，也許拜占庭帝國早已衰亡了。君士坦丁堡的建成和定為首都，體現了君士坦丁的高瞻遠矚。

拜占庭這一城市始建於公元前六五六年，是希臘航海家比柴斯（Byzas）所建，歷來是控制馬爾馬拉海和博斯普魯斯海峽出入的重鎮。一旦進行封鎖，敵人就無法從海上來犯；如果要出擊，就重新開放；進退自若。更重要的，它還是東西貿易的通道和港口，有利於財富的積聚。

君士坦丁從公元三三〇年起，花了數年時間擴建這個城市，單是修築新的城牆、門廊、溝渠就用去了二五〇萬金鎊。它的港口是用大理石構築的，堅固美觀，城市的建築式樣是請

・君士坦丁大帝（274-337 年）

來自四方的學院教授設計出來的，廣場中心有高達一二〇呎的柱子，豎有阿波羅的巨像，城市的一些貴重裝飾品都是從希臘和亞洲的許多城市掠奪來的。其他還有教堂、沐浴場、雜技場等。史家稱它為第二個羅馬。

君士坦丁在君士坦丁堡修建的長城從馬爾馬拉海沿岸一直延伸到金角灣，高度約一九〇～二七〇呎，享有「不可戰勝」的盛譽。歷史上君士坦丁堡曾受到阿瓦爾人、匈牙利人、斯拉夫人等數次入侵，都是由於有堅固的城牆作屏障才免遭厄運。直到一二〇四年，君士坦丁堡被十字軍攻占，焚燒劫掠一空。

君士坦丁是歷史上第一個基督徒皇帝，被稱作新的摩西，因為是他將基督徒帶出了困境。

夢想與現實

君士坦丁大帝死後，羅馬帝國又出現了東西奧古斯都，有時又歸於統一。

公元三九五年，西奧多希厄斯一世（Theodosius I）逝世，羅馬帝國正式被永遠瓜分。他的長子阿爾凱迪厄斯為東羅馬皇帝（三八三年已被任為東方奧古斯都），次子霍諾里厄斯為西羅馬皇帝（三九三年被任為西方奧古斯都）。公元四七六年，西羅馬帝國為日耳曼人所亡，重建新羅馬帝國的重任就落在東羅馬帝國身上。

查士丁尼（四八三～五六五年）是拜占庭帝國的一代雄主，五二七年即位後，他的全部政策都指向建立皇帝的絕對權威和復興統一的基督教帝國。查士丁尼恢復羅馬帝國全盛時期狀態所採取的舉措大致有以下幾點：

擴大版圖　從公元五三五至五五四年，查士丁尼重新征服意大利，徹底打敗了束哥特人，把整個意大利置於帝國統治之下。五三三～五二四年把汪達爾人趕出北非，奪回了原屬羅馬帝國的北非。五五四年征服西班牙東南部，以科爾多瓦為該省首府。

恢復羅馬法的權威　他所主持的編纂工作，包括四大法學著作：《查士丁尼法典》（五二九年）、《民法手冊》、《法學彙編》（五三三年）和《法令新編》（五六五年）。《法令新編》中的法令是陸續公布的，以後才彙編成冊，其中若干法令使用了希臘語，以示既要保持用拉丁語書寫的羅馬法的權威性，又要有相對的獨立性。希臘語是本國的語言，它是維繫拜占庭帝國內各種民族的紐帶。

與羅馬教會協調關係　東西教會的隔閡由來已久。羅馬教會講的是拉丁語，堅持古來的傳統；拜占庭教會用希臘語，深受希臘哲學、文化影響。羅馬教皇企圖凌駕於拜占庭之上，拜占庭的宗主教又不甘心。查士丁尼的理想是重建羅馬帝國，自然不願見到教會的分裂。公元五四五年，他頒布了著名的一三一號法令，承認羅馬教皇在教會中的首席地位，君士坦丁堡大主教居第二位，處於其下。但事實上他只承認教皇是精神上領袖，無意因此妨礙皇帝在基督教世界的統治權。皇帝是上帝派在塵世的代表，是最高主宰，他必須照顧臣民物質上和精神上的需要。雖然如此，羅馬的教皇對被認可為首席地位是滿足的，教皇未吉留斯感謝上帝不僅給予查士丁尼一個帝國，而且有一個神父的靈魂。未吉留斯的阿諛奉承並不能改變他以後處於屈辱地位的命運，查士丁尼的無限威權實際上控制了羅馬教會。

興築堡壘　鑒於日耳曼人和東哥特人進占羅馬的教訓，為了鞏固這一大帝國的邊境安全，他在邊境地帶修築了數以百計的堡壘，從突尼斯通過埃及抵幼發拉底河，再穿過亞美尼亞山區而至黑海，又從那裡沿著多瑙河北上，並在那裡駐有正規的常備部隊（Limitanei），他們都是由當地農民組成。

查士丁尼的夢想似乎已變成現實。可是自他死後，繼承者大多是庸主，內亂外患頻繁，削弱了國力；其間雖有中興明主出現，但頹勢難挽，勉強維持到一四五三年才結束。

我們可以大致描繪一下重建羅馬帝國這一理想的破產過程。在一〇七個拜占庭皇帝中，只有約三十四名是自然死亡。繼位者不是根據法規而選舉產生，主要憑武力奪取，也有一些是因王朝的更迭而由統治者的兒子或寡婦繼承。拜占庭帝國王

朝變更的頻繁，世所罕見，共有十個王朝。王朝的變更或起於宮廷政變，或產生於革命，謀殺和暴行屢見不鮮。在許多場合，皇冠掌握在篡位者手中；強有力的軍人、行政官或外交家隨時都可要求取得皇位。宗教上的問題也不少。原來查士丁尼所實行的凱撒教皇主義，皇帝握有絕對的權力；但基督教既為國教，教會的勢力自然膨脹，進而干涉世俗事務。還有一些地區教派如科普特教會和敘利亞教會，他們不願被強迫接受正教會的基督教，公開表示反對。他們的信徒各處都有，在人口比例中不算少，儘管政府的壓迫、虐待不斷發生，他們始終不放棄自己的信仰。

公元七二六年開始，利奧三世發動了一場反對聖像崇拜的運動。他認為崇拜聖像就是崇拜偶像，違背教義。這激起了許多教徒的抗議，並且發生叛亂。這項爭端持續了一百多年，幾乎動搖了帝國的基礎。直到八四三年邁克爾三世在位，才恢復聖像崇拜。

在對外關係方面，外患頻繁。公元六○二年，生性殘酷的福卡斯（Phocas）篡奪了政權，國家陷於無政府狀態，斯拉夫人和阿瓦爾人乘機占領巴爾幹和希臘的大部分土地。六○八～六○九年，波斯人又蹂躪敘利亞和美索不達米亞。非洲總督的兒子希拉克利厄斯一世（Heraclius）推翻了福卡斯的統治後，一度收復了斯拉夫人所據的巴爾幹地區，人心振奮。可是好景不常，六一六年，帝國在西班牙的領土為西哥特人所奪。

經過四年的和平時期（六二九～六三三年），又受到伊斯蘭浪潮的衝擊，哈里發奧馬爾先後占據了埃及、敘利亞和美索不達米亞等一些原屬拜占庭的省區，又移師西征，征服了摩洛哥、西班牙和西西里，而且他的海軍幾乎每年必來進攻君士坦丁堡。十三世紀初又受到十字軍的騷擾，君士坦丁堡被攻佔，

焚燒劫掠達三日三夜，國力大衰。殘存的一些領土最後被鄂圖曼的穆罕默德完全征服。

文明與野蠻的接觸——十字軍災禍

拜占庭和羅馬的分歧 耶路撒冷是在一○七○年被塞爾柱克人攻占的。最初西方基督教國家對此並不重視，沒有什麼巨大的反響。二十年後，有個法國隱士、狂熱的基督徒彼得從耶路撒冷回來，向教皇哭訴那裡的基督徒受到了如何如何的「虐待」，並稱衰弱的拜占庭帝國對此無能為力，只能依靠歐洲尚武的民族。教皇烏爾班二世向他保證必會奪回耶路撒冷，於是出現了第一次十字軍東征。然而，要直接指向耶路撒冷並非易事，先得取得拜占庭的合作才能通往小亞細亞，而小亞細亞的大部分領土已被穆斯林國家占領，攻堅戰將非常困難。

拜占庭的外交家一直主張要和穆斯林國家聯盟，以對付巴爾幹不斷發生的叛亂和諾曼人的進攻；並且很清楚西方國家的真正意圖是要在敘利亞和巴勒斯坦建立他們所控制的海港。所以，一開始，雙方即出現了分歧。

十字軍對東方的途徑毫無所悉，必須由拜占庭人引導，且沿途需要他們提供口糧，因此只能作出妥協。雙方訂立誓約，十字軍保證將拜占庭已喪失的土地收復後歸還拜占庭，拜占庭的任務則是負責供應補給和指路。可是，就在諾曼人博希芒德（Bohemond）在一○九八年占領安提俄克之後，並不將它還給拜占庭（拜占庭於一○八五年失去），而是作為拉丁人的采邑（君王封給下屬的土地）。他又宣稱，拜占庭皇帝是最壞的敵人，於是在十字軍的日程上首要的任務變成了攻占君士坦丁

堡。雙方成了敵國。

十字軍和威尼斯結盟　十字軍東征究竟幾次，說法不一。有的說八次，有的說九次。對拜占庭影響最大的是第四次十字軍遠征。威尼斯與拜占庭歷來為控制地中海的貿易獨霸而不和。威尼斯一直想將拜占庭置於其治理之下；十字軍要攻占君士坦丁堡，必須擁有強大的艦隊，但他們根本沒有船隻，遂與威尼斯結盟。一二○一年四月，維拉爾德萬（Villehardouin）代表十字軍，與威尼斯的首席長官丹多洛（Dandolo）簽訂協議，十字軍付給對方九四○○○銀馬克，威尼斯提供艦隻和人畜所需的糧食；隨後威尼斯答應再補充五十艘大帆船，條件是必須獲得十字軍所征服土地的半數。其實威尼斯本身也參加了第四次十字軍戰役。一二○四年，十字軍攻占君士坦丁堡。這是該城有史以來第一次陷落。早在進攻之前，威尼斯與十字軍已簽訂了瓜分戰利品的協議，威尼斯將得到君士坦丁堡八個區中的三個區，新選出的拉丁人皇帝將得到一個區和皇宮，其餘三個區作為皇帝的采邑，再由威尼斯和十字軍均分。攻占拜占庭後，選出佛蘭德斯的鮑德溫當拜占庭皇帝，成為拉丁人的帝國。領土的分配稍有變更，威尼斯得到君士坦丁堡的三個區，鮑德溫有五個區。最重要的貿易要衝從馬爾馬拉海至赫勒斯滂灣，以及克里地島，均歸威尼斯所有。一些基督教國家以十字軍的名義瓜分了另一個基督教國家，成為歷史上的一大骯髒醜聞。

駭人總聞的暴行　這些十字軍在君士坦丁堡幹了些什麼呢？當時倖免於難的東羅馬史家尼西塔詳細記載了下來。這些材料後來被吉朋（Gibbon）引用在《羅馬衰亡史》第五卷中。他們進城後先是放了「三把火」，三天的大火所燒毀的房屋等於歐洲三個最大城市的房屋總量。失去抵抗能力的居民被屠殺者達兩千人。據說這是壓低了的數字，實際上血流成河；吉朋

認為大部分居民都慘遭屠殺。是基督徒殺基督徒，野蠻的拉丁化民族殺文明的希臘化民族。一些有身分的主婦和修女被玷污了，監獄中的女犯被擄為奴。兩萬名「朝覲者」從未見過如此美麗和富饒的城市，他們既妒忌，又羨慕，要盡可能地破壞和掠奪。君士坦丁堡歷九個世紀積聚起來的古物不是被推倒拉走，就是被毀壞，家屋、修道院、教堂被洗劫一空，聖杯被剝去所嵌的珠寶而當作酒杯，聖像用作賭抬。在聖索菲亞大教堂中，聖壇的金銀雕塑品都被擊碎，一個妓女坐在宗主教的冠冕上唱著淫蕩的法國小曲。前皇陵墓中的珠寶被挖掘殆盡。尼西塔稱這些教徒實際上是反基督的急先鋒，與薩拉森在耶路撒冷的舉措相比，顯得阿拉伯人的行為要比十字軍文明得多了。阿拉伯人尊敬基督教堂，毫不騷擾被征服的基督徒的人格及其財產。十字軍所劫掠的財富之多，連十字軍的首領之一維拉爾德凡也不得不驚歎：「有史以來還沒有見過哪個城市有這樣眾多的戰利品。」

對於這些戰利品，他們定出了分贓計畫，將它們集中在三個教堂進行分配，一份分給步兵，兩份分給騎兵，四份分給職位較高的武士，其餘絕大部分歸王公貴族所有。教皇原想在拜占庭建立了拉丁帝國之後，便可以他為首，將東西教會統一起來，實際結果卻適得其反。希臘人認為他們之所以飽受痛苦，是教皇的野心所造成，對羅馬教會怨恨萬分。正如後來意大利的一位巴蘭教士向教皇十二世所指出的那樣：「教義的分歧在希臘人的心中遠不及對拉丁人的痛恨那樣滲透到他們的靈魂，希臘人在各個時期遭受到拉丁人所造成的巨大災禍，至今還在天天受苦。」這些拉丁人的統治直至一二六一年他們被逐出君士坦丁堡才告結束，此後希臘人恢復對拜占庭帝國的統治。

・十字軍東征（君士坦丁堡陷落）

與鄰國的糾葛

帝國的四周都是強國：北有諾曼人、保加利亞人，東有斯拉夫人、東哥特人，南有波斯帝國和後來崛起的阿拉伯人，西有威尼斯和熱那亞人；彼此為了版圖的擴張，經常發生衝突和戰爭。拜占庭在四面出擊的情況下，有時取得勝利，有時慘遭敗北，元氣大傷，國力凋敝。與鄰國的交戰情況可在此簡單地作一描繪。

保加利亞　原始保加利亞人屬突厥人種，二世紀時，他們同其他的突厥部落從中亞來到裏海和黑海之間地區。六世紀後半期，由於大批阿瓦爾人從中亞來到這裡，大部分原始保加利亞部落被驅趕到多瑙河中游和蒂薩河一帶。他們在那裡組成了強大的部落聯盟，東羅馬史家稱之為「大保加利亞」，占據了黑海以北的大批土地。他們是拜占庭帝國的近鄰，經常侵襲其領土並進行劫掠。公元六八〇年，君士坦丁四世主動出擊多瑙河畔的保加利亞人，遭到慘敗。原始保加利亞人乘勝追擊，直抵巴爾幹山脈。其首領阿斯巴魯赫又與斯拉夫貴族達成協議，共同建立一個新的斯拉夫─保加利亞國家。時為公元六八一年，世稱保加利亞第一王國。君士坦丁四世同年被迫媾和，答應年年進貢。九世紀初，保加利亞又將矛頭指向拜占庭帝國。拜占庭皇帝奈塞弗勒斯一世組織反攻，八一一年占領了保加利亞的首都，洗劫一空後回國。歸途中遭到伏擊，損失慘重，皇帝本人也死於此次戰役。公元九六七年開始，拜占庭帝國乘保加利亞內亂頻仍之際，發動了一連串進攻，到一〇一八年年底，整個保加利亞淪於拜占庭統治之下，第一王國宣告結束。

在這一期間，拜占庭文化對保加利亞產生了重大的影響小希臘語成了保加利亞的官方語言，現在尚保存的一些八至九世

紀石柱碑文是用希臘文書寫的。以東正教形式出現的基督教被奉為國教，原始保加利亞人所傳下來，每年以動物命名的十二紀年法被改成拜占庭紀年法。保加利亞還仿照拜占庭的法制，建立了新的法制。

　　諾曼人　它的原義是「北方人」，概指斯堪地那維亞人。他們南下之後，在法國北部建立了諾曼底公國。中世紀史料中經常提到的諾曼人通常是指法國的諾曼底人。那時他們已與原來的法國人混雜了，所操的語言稱諾曼法語。十一世紀初，諾曼人進抵意大利南部。他們以英勇善戰聞名；拜占庭帝國中的一部分傭兵就是諾曼人。諾曼人占領意大利南部後，他們的大公吉斯卡爾以進攻拜占庭為下一個目標，一〇八一年先後占領了科孚島和馬其頓西部。他被拜占庭稱為「最危險的敵人」。其子博希芒德是十字軍東征的積極參預者。西西里國王也是諾曼人，他不斷對拜占庭帝國東部領土進行騷擾。一一二七年，西西里國王羅古爾二世將西西里和意大利南部統一起來，對拜占庭形成更大的威脅。拜占庭曾向教皇和德國乞援，對付共同的敵人諾曼人，效果不大，但也一度占領過南部意大利。一一五八年，拜占庭皇帝曼紐爾與西西里國王威廉一世簽訂卅年和約，才解除了諾曼人的威脅。

　　匈牙利　匈牙利人自稱馬扎爾人，最初住在烏拉山附近，所操的語言屬芬—烏戈語。後來南下，一直遷居到高加索。他們在中亞與突厥人頻繁接觸，受到強烈的影響，語言成分中引進了許多突厥語，所以在拜占庭史料中，常稱他們為突厥人，或奧諾古爾人（Onogur，意思是「十姓烏紇」）。今日英語所稱的Hungarnian，德語Ungarn，法語Hongrois，意大利語Ungheresi，都由Onogur演變而成。公元六世紀時，匈人（Hun）戈達斯（Gordas）來到君士坦丁堡受洗。這裡所說的

匈人戈達斯，一般認為就是馬扎爾人，所以匈牙利人與拜占庭帝國的最早接觸在六世紀。九世紀末，保加利亞統治者西米恩在馬其頓擊潰了拜占庭軍隊，拜占庭乞助於已強大起來的匈牙利人。他們從保加利亞的後背發動進攻，擊敗了保加利亞軍隊，並將俘虜移送給拜占庭。十世紀時，匈牙利人不斷襲擊拜占庭領土，九三四、九五九年兩次戰爭，匈牙利軍隊甚至進抵君士坦丁堡城牆下安營紮寨。匈牙利的第一個國王聖史蒂芬傾向於西方教會，他的王冠是教皇授予的。但他同時又羨慕希臘文化，不願與拜占庭為敵，因此兩國在相當長的時期內保持了友好關係，並且皇室締姻，成了親家。

十二世紀初，匈牙利發生內訌，拜占庭收留了外逃的難民，兩國於是產生齟齬，戰爭時斷時續。但是他們的共同利益決定了兩國之間「和為貴」，他們都要對付強敵保加利亞人和塞爾維亞人。而且在貿易方面，匈牙利需要從拜占庭購取物資，轉售到布拉格，拜占庭商人的西方貿易必須通過匈牙利。第四次十字軍東征後，兩國情況出現了很大的變化。曾經是歐洲最大強國之一的拜占庭帝國，這時所恢復的版圖零零碎碎，大非昔比；匈牙利則積極向東南推進，擴張成為歐洲一支重要力量。拜占庭已不足以構成對匈牙利的威脅，相反，它卻經常乞助於匈牙利。

阿拉伯人　阿拉伯伍麥葉王朝的奠基者穆阿威葉即位之後，最初忙於處理國內事務，願意向拜占庭皇帝君士坦斯二世進貢。但當他的統治逐漸穩固之後便拒絕進貢，並屢次從海陸兩路侵入拜占庭的領土。最激烈的是六五五年的一次海戰，阿拉伯人把自己的船隻都拴在拜占庭的戰艦上，然後把海戰變成肉搏戰，完全摧毀了拜占庭的海軍。公元六七四至六八〇年，阿拉伯人在這七年戰爭中曾兵臨君士坦丁堡城下，拜占庭靠了

希臘火才得救。這種希臘火是一種高度可燃性的混合物，在水上也能燃燒起來。穆阿威葉死後，蘇萊曼任哈里發時，派他的弟弟麥斯萊麥再次進攻君士坦丁堡。拜占庭皇帝利奧三世又向阿拉伯軍隊投了希臘火，再加上饑荒、鼠疫和嚴冬的酷寒，使入侵者遭受重大損失。在歸途中，阿拉伯艦隊遇到暴風雨的襲擊，一八〇〇艘戰艦只有五艘平安到達敘利亞港口，等於全軍覆滅。史家評論這次戰役時稱：「利奧三世拯救了歐洲。」

八世紀中葉，阿拉伯的阿拔斯王朝崛起，拜占庭乘他們內訌不斷之際，把國境向東推進。阿拉伯人從敘利亞延長到亞美尼亞的邊境線節節後退。哈里發麥海迪決定進行反擊，派他的幼子和後來的繼承者，即《舊唐書‧大食傳》中所稱的訶論，指揮這次遠征。阿拉伯大軍直抵博斯普魯斯海峽，時為七八二年。拜占庭皇太后艾琳被迫請和，簽訂了屈辱的和約，包括每年分兩期繳納貢稅七萬到九萬第納爾。直到拜占庭的奈塞弗勒斯一世繼位之後推翻前議，兩國又發生戰爭，持續到八〇八年才結束。

中興時期

一千年的拜占庭歷史並不總是由一個姓氏來一統天下，改朝換代是經常的事。曾經盛極一時的馬其頓王朝，在後期由於過分重視藝術、建築、文學等文化生活而忽視了國防建設，加上文官貴族和軍人貴族之間的不和，以致無法抵禦外族的入侵，接連幾次戰爭，喪失了大片領土，國勢日衰。

公元一〇八一年，康尼納斯（Comneni）家族推翻了馬其頓王朝，新建康尼納斯王朝，延續了一百年左右，出現三位偉

大的帝王，他們的剛毅頑強和政治家風範不僅挽救了處於崩潰邊緣的帝國，而且提高了拜占庭在歐洲的聲望，史稱中興時期。這三位偉大的君主是亞歷克修斯一世（一〇八一～一一一八年在位）、約翰二世（一一一八～一一四三年在位）和曼紐爾一世（一一四三～一一八〇年在位）。

亞歷克修斯一世在對外關係中做了三件大事：（一）他即位時，四境都是虎視耽耽的敵人。為了減少來自東方的威脅，以集中力量對付西方之敵，他對塞爾柱克帝國採取忍讓的態度，同意他們所占領的一部分小亞細亞領土歸屬他們。然後抽出力量，對付意大利的諾曼人，最後逼使諾曼人承認了拜占庭在安提俄克的宗主權。（二）解決了西方之敵以後移師東征，向塞爾柱克人索還被占領的土地。一一一七年，塞爾柱克人戰敗議和，拜占庭收復了大部分安納托利亞地區。（三）他沒有力量抵禦第一次十字軍的侵入，但十字軍需要借道，並需要提供給養，因此他迫使十字軍各領袖作效忠宣誓，保證拜占庭對收復後的失地享有統治權。

亞歷克修斯一世在內政方面也有建樹，他恢復了法律秩序，獎勵科學事業，又在稅收方面作了改進，為國家積累了財富。但也有許多人對他不滿：如教會不能原諒他將教會的財產移作國防經費；他對異端的處置太殘酷，甚至將他們綁在聖索菲亞廣場活活燒死。

亞歷克修斯的繼承者是他的兒子約翰二世。他為人忠厚、誠實、勇敢，且有高度的道德品質。在他統治的二十五年中廢除了死刑，法律是寬容的，人們不必擔心監察官（Prefact）的暴政。在對外戰爭中，與塞爾柱克人作戰節節勝利，收復了安納托利亞西南的失地，又徹底擊潰了比千人（Pechenegs），解除了北方的威脅。在每次戰役中，他總是站在軍隊前面。連

西方的拉丁人對這位希臘人的高貴品質和勇猛精神也為之歎服。正當他期望緊接著實現其恢復昔日帝國疆域的宏圖時，卻不幸在一次狩獵中受傷死去。

他的兒子曼紐爾一世繼承了王位。他的性格複雜，譽之者稱他是最傑出的政治家和軍人，毀之者稱他是殘忍的暴君。實際上，應該說曼紐爾一世是一位鐵腕軍人。他的遠征軍曾南抵小亞細亞南端的托羅斯山脈，往北進入匈牙利平原，向西直抵意大利和埃及沿岸。同時，他又運用外交手腕，盡可能和羅馬及俄羅斯保持和平關係，以免受到牽制。歐亞各國對他既尊敬又恐懼。他具有意大利武士精神，但又是一名凶猛的追獵者，曾親手殺了四十多個蠻族戰士，在歸途中，用馬拖著俘虜直奔營帳。他的一生願望是要將東西兩個教會聯合起來，以他為羅馬皇帝。教皇也曾同意聯合，條件是皇帝必須駐在羅馬，也就是承認羅馬教會是最高權威。這是拜占庭所無法接受的。一一八〇年，他帶著終生遺憾的心情死去。

曼紐爾死後，幼主即位時只有十一歲，於是曼紐爾的妻子諾曼人瑪麗攝政。兩年後，一名軍人安特魯尼科斯廢黜了太后和幼主，並將他們處死，自己即位。他是個將才，執政兩年，在一場動亂中死去。一一八五年，安格里（Angeli）家族取而代之，建立安特魯斯王朝。從此康尼納斯王朝宣告結束，拜占庭帝國由安特魯斯王朝統治。

致命的內訌

歷史學家愛德華·吉朋曾感慨地談到羅馬帝國衰亡的四個原因：（一）是大興土木，耗盡國力；（二）是蠻族和基督教

國家的頻繁入侵；（三）是揮霍無度；（四）是內訌不斷。其中最致命的是第四點。他的判斷也適用於拜占庭帝國。從拜占庭的歷史來看，王族之間的明爭暗鬥、謀殺、篡位、弒父害母、兄弟鬩牆等連綿不絕，這個帝國的一○七個皇帝中只有三十四名是自然死亡的。內訌表現得最激烈的是它的末代王朝，也就是佩利奧洛格斯（Paleologus）王朝。

公元一二五八年，拜占庭大主教同時為兩個皇帝舉行加冕典禮，一是前朝拉斯卡里斯（Lascaris）王朝的約翰四世，另一是佩利奧洛格斯王朝的奠基者邁克爾八世。邁克爾原來是個軍人，因有戰功，擢升為攝政，後來自立為皇帝。約翰四世只能採取忍讓態度，因此形成兩個皇帝並存的局面。兩年後，邁克爾將約翰四世弄瞎了眼睛，放逐到黑海的一個古堡中監禁起來，原來的拉斯卡里斯王朝就此結束。

邁克爾在其統治期間，又立他的兒子安特魯尼科斯二世為皇帝，兩個皇帝共同執政。這是佩利奧洛格斯王朝的典型特徵，以後成為慣例。當初這也許是為了加強統治力量，結果適得其反，造成無窮禍害，國家體制更不穩定，中央對地方的領導權愈益削弱，王室之間的關係日趨緊張。邁克爾八世死後，缺了一個皇帝，安特魯尼科斯二世立兒子邁克爾九世為皇，仍然是兩個皇帝。不幸這個兒子死得較早，繼位者只能是邁克爾九世的兒子安特魯尼科斯三世。但老皇帝不喜歡這個孫子，偏偏這個孫子又得到年輕一代官員的支持，一場內戰就不可避免。老皇帝顯然不是孫子的對手，在一三二五年被迫承認安特魯尼科斯三世為皇帝，出現了祖孫兩人並為皇帝的局面。到了一三二八年，孫子強迫祖父退位。

安特魯尼科斯三世死後，拜占庭發生了一場規模更大、更可怕的內戰，帝國從此一蹶不振，走向滅亡。安特魯尼科斯三

世死時，兒子約翰五世還未滿十歲。有一個名叫約翰的軍人將領認為自己是先皇的密友，治理過國家，現在應當任為攝政。皇太后和大主教反對約翰攝政，他們乘約翰不在首都時發動了一場政變，宣布約翰是帝國的敵人，抄了他的家，又將約翰的許多親信都投入監獄。約翰接受了這一挑戰，於一三四一年自立為皇帝，並以「清君側」的名義進攻君士坦丁堡。最初約翰受挫，從薩洛尼卡至君士坦丁堡，沿途戰敗者屍體遍野，約翰的軍隊只剩五百名戰士。後來他乞援於鄂圖曼帝國，結果轉敗為勝。一三四六年，約翰六世正式即位，由大主教為之加冕，取得合法的地位。次年，君士坦丁堡打開大門，迎接這位新皇帝。約翰六世將他的女兒嫁給已在位、年幼的約翰五世，翁婿二人並為皇帝。

這次內戰使得民窮財盡，國庫空虛，連皇室的珠寶都當給

· 內亂不斷、戰事不停

了威尼斯。約翰六世加冕後舉行宴會時，使用的酒杯已不是金杯、銀杯，而是鉛杯或陶杯。但內戰並不因此結束，女婿不甘心寄人籬下當皇帝，他得到熱那亞海盜的幫助，反對岳父。一三五四年，岳父約翰六世被迫退位，進了修道院。宮廷政變並未到此結束，約翰五世的兒子安特魯尼科斯四世乘父親遠征小亞細亞時公開反叛，自立為帝。約翰五世依靠土耳其人的援助，鎮壓了這場叛亂，安特魯尼科斯被投入獄，另立曼紐爾二世為繼承人，不久正式登基為帝，與約翰五世共同執政。可是安特魯尼科斯四世得到威尼斯和熱那亞的幫助，又逃了出來，並攻進君士坦丁堡，約翰五世和曼紐爾都淪為俘虜。

實際上，這些宮廷政變都不過是外邦強國玩弄政治，侵奪拜占庭領土的工具，不論拜占庭內部哪一方勝利，都須割讓土地給土耳其人或威尼斯、熱那亞，帝國內部也形成了皇室成員各據一方的局面，分崩離析，早已不成其為一個統一的帝國，基本上成了土耳其的附庸國，只因帖木耳帝國威脅到土耳其，拜占庭才能苟安一個時期。

Chapter 2
禦敵的智慧

皇帝的箴言

十世紀，拜占庭皇帝中出了個奇才君士坦丁七世。他本人及其助手曾編寫過許多著作，包括律法、農業、省區地理、教會儀式、步兵法規等，不過人們最感興趣的是那本《箴言》，後人給它加了個書名《帝國的治理》（De Administrando Imperio）。這本書原來是他寫給兒子閱讀的，教導其子如何理解當時的國際環境，知己知彼，然後授以錦囊妙計，指示他如何採取策略以應付外敵，特別是在敵強我弱的情況下，如何巧妙地周旋其間，保持帝國的生存。這是一部傳世的名作，原文為希臘文，以後出現了拉丁文、俄文、英文等各種譯本。研究拜占庭和中亞歷史的學者都得利用這本原始材料。它不僅體現了君士坦丁七世的禦敵智慧，而且保存了若干第一手資料。

君士坦丁七世為兒子所制訂的策略，主要是用來對付東方和北方的「蠻族」以及東南的阿拉伯人。西方拉丁人國家的君主和教皇都是些老謀深算的人物，他們的政治、經濟和外交手腕遠較東方「蠻族」豐富靈活。但是拜占庭帝國若能在東方和北方與「蠻族」保持和平，不受到他們的騷擾，就可全力對付拉丁人。這是君士坦丁七世所諄諄教導的，也可以說成了帝國的基本國策。他所制訂的策略，簡單地說有三種——

一、**離間異族**。在黑海附近，有一支與拜占庭為鄰的剽悍的突厥族的比千人。書中說：對我們利益最重要的是和比千人維持和平，締結友好條約。只要我們長期與他們和平相處，斯拉夫人（斯拉夫人與羅斯人有別）和匈牙利人就不能用武力來侵犯我們，因為他們必須假道比千。同樣，比千人與我們建立了友誼，他們就很容易去攻擊斯拉夫人與匈牙利人，將他們的妻兒掠為奴隸，並可大肆劫奪。十一世紀時，有不少比千人成

・君士坦丁七世

了拜占庭的傭兵，這顯然是拜占庭的既定方針起了作用。

　　高加索附近有一支阿蘭人（Alans），君士坦丁七世認為也是可資利用的。他說：如果他們與我們保持友誼與和平，我們就可對抗可薩人（Khazars。中世紀在伏爾加河下游建立的一個強大的突厥人可薩汗國）；如果可薩人不願與我們和好，則阿蘭人會給他們猛烈沈重的打擊，使他們無法入侵赫爾松（Cherson）。後來阿蘭人一直為拜占庭承擔著保衛北高加索邊境的任務，他們的宗教信仰也改宗基督教。

二、**厚贈禮物**。拜占庭文明名聞於世，其物質文明尤為耀眼，令「蠻族」為之垂涎。君士坦丁七世的箴言是：不論可薩人、斯拉夫人、匈牙利人或北方的異族，如果他們要求我們贈與，我們可將皇帝的袍服、王冠或國定的禮服送給他們，使他們為我們效勞。你可以不必在意，因為這些袍服和王冠都已過時了。他還說：派往比千的帝國使者，首先遇到的就是他們索取皇帝的禮品。這些厚顏無恥的比千人貪婪地要求一切他們所沒有的珍品。當他們自己滿足了，還要為他們的雙親和妻子索取。他們得到禮品之後，就認為是建立了友誼，於是取得協議，一旦皇帝召集他們，他們就為皇帝服務。

三、**以夷制夷**。拜占庭周圍既然都是強大的敵人，如何達到各個擊破的目的，就必須講求策略，利用他們之間的矛盾，以夷制夷。這位皇帝對形勢作了分析後，明確提出了應該利用誰來打擊誰。例如：比千人可以打擊匈牙利人，保加利亞人可以打擊可薩人，烏斯人（Uz）可以打擊比千人和可薩人。可是以鄰為壑未必是個上策，這個夷制服了那個夷，他本身也強大了，就要與你分庭抗禮。保加利亞確實在公元九六五年打敗了可薩人，隨之而來的是一個強大的保加利亞的崛起，成為拜占庭北方最大的威脅力量。比千人打敗了匈牙利人之後，對拜占庭的需索、要求也越來越多。

婚姻外交

拜占庭是個多民族國家。最初政府不允許當地人與外族通婚，後來皇帝帶了頭，與異族通婚成了常見的事。從帝國的角度來看，異族通婚有利於民族和睦與國家穩定。拜占庭軍隊中

有許多是招來的傭兵，包括諾曼人、突厥人、庫蠻人、保加利亞人、日爾曼人、匈牙利人等，一旦民族關係處理不好，反易引起外患內亂，所以帝國鼓勵通婚。此外，通婚也有助於拜占庭文化的傳播。皇室在這方面起了表率作用，他們首先考慮的是東方的「蠻族」。這些東方民族雖然強悍，歷年來不斷侵擾拜占庭邊境，但文化上遠遜於拜占庭，願意和帝國建立婚姻關係，以提高自己的地位。從拜占庭來說，有了國外的異族親家，東方邊境就能夠安寧，且可得到他們的支持和幫助。

可薩是中世紀時活躍於南俄草原的一個重要突厥汗國，我國的《隋書》、《唐書》和杜環的《經行記》中都有關於可薩的記載。

公元六九五年，已統治了十年之久的拜占庭皇帝查士丁尼二世被廢黜，流放到克里木半島。他不甘於失敗，就在那裡會見了可薩可汗。查士丁尼二世以聯姻為手段，娶了可汗的妹妹為妻，可汗答應幫他恢復皇位。這位未來的皇后後來受洗，取名西奧朵拉。後來在拜占庭歷史上，皇后取名西奧朵拉的很多。七〇五年，查士丁尼二世恢復了皇位，遣人將公主和與他所生的兒子護送回到君士坦丁堡。拜占庭為可薩公主塑了個雕像，放在查士丁尼二世像的旁邊，以後可薩可汗訪問拜占庭首都時，總要在那裡坐一下。

公元七一七年，利奧三世即位，為了對付阿拉伯人的入侵，迫切希望與可薩結盟，以阻擋阿拉伯人從高加索攻入。七三三年，利奧與可薩締姻。他為自己的兒子、未來的皇帝君士坦丁五世娶了可薩可汗的女兒。她洗禮後的教名是艾琳，這也是拜占庭王后中常用的名字。繼君士坦丁五世即位的皇帝另有一個名稱，叫「可薩人利奧四世」，即因他的母親是可薩公主。在相當長的時期內，儘管兩國為領土爭執有過摩擦，但友

好關係是主要的。九世紀時，可薩可汗向拜占庭皇帝邁克爾三世保證，可薩將隨時應拜占庭的需要而為之服務。拜占庭不僅在東方有了可靠的屏障，而且將基督教傳播到了可薩，在那裡建立了教會，擴展了拜占庭文化的影響。

匈牙利是位於高加索的另一強國。東羅馬史料中稱匈牙利人是突厥人，他們大概在九世紀初進抵多瑙河出口處。拜占庭為了利用它來夾擊北方的另一強國保加利亞，所採取的措施就是傳播拜占庭文化和締姻。匈牙利的王室成員很多在君士坦丁堡接受洗禮，皈依基督教。匈牙利的第一個女修道院建立者是十一世紀初聖斯提芬國王的兒媳，她是拜占庭皇帝的女兒。十二世紀中葉，拜占庭皇帝曼紐爾將女兒瑪利亞許配給匈牙利國王格查二世的幼子貝拉，並答應將來由貝拉繼承拜占庭皇位。貝拉遵從拜占庭的習慣，另取了個名字亞歷克西。他到了君士坦丁堡，自然信奉了東方教會。曼紐爾希望通過貝拉的關係，使拜占庭和匈牙利聯結起來，受他控制；貝拉也堅信他能同時成為兩個國家的統治者。然而，當曼紐爾第二次結婚後生了個兒子，便改變了打算，將女兒與貝拉的婚約取消，另將安妮公主許配給貝拉，但答應將來由貝拉與另一個兒子共同執政。

一一七二年春，匈牙利國王逝世，貝拉返國即位，為貝拉三世。由於有了這層婚姻關係以及他已成為基督徒，他宣誓將永遠效忠於曼紐爾。這時期兩國一直維持著友好關係，貝拉的一個妹妹嫁給了曼紐爾的外孫伊薩克，他的幼弟娶了一位拜占庭公主。貝拉又將女兒瑪格蕾特許配給拜占庭新帝亞歷克修斯二世為后。

這種婚姻關係給拜占庭帶來許多好處：一一八五年保加利亞反抗拜占庭，塞爾維亞人騷動，一一八九年第三次十字軍要通過匈牙利進攻拜占庭，都是匈牙利幫助調停解決的。第四次

十字軍攻占君士坦丁堡後，大肆焚掠劫殺，小朝廷退縮於小亞細亞的尼西亞，國家弄得支離破碎，只得乞求匈牙利的保護。一二二〇年，拜占庭皇帝的女兒嫁給匈牙利的太子；這位太子繼位為貝拉四世後，在一二六一年幫助拜占庭收復了君士坦丁堡。拜占庭對匈牙利的婚姻外交是成功的，它的意義不僅在於匈牙利一直支持和幫助它對付強敵，更重要的是使他們接受了拜占庭文化，如拜占庭風格的教堂壁畫，國王加冕的袍服是拜占庭式樣，錢幣和印璽顯然仿照了拜占庭；至於拜占庭風格的紀念物，現在還到處可見。

怎樣對付匈人

西方史料中常提到Hus這一民族，他們的著名領袖阿提拉（Attila）被說成是「上帝之鞭」，形容他的殘酷性格。十八世紀法國人德京（Deguignes）稱Huns就是中國史載中的匈奴，後來有許多歷史學家贊同這一說法。但是從公元一世紀漢將耿夔大破北匈奴後至Huns於四世紀出現在歐亞大陸，有兩個世紀空白，沒有任何資料說明匈奴人西遷後的情況。也有人從我國所發現的一個粟特語文件中，見到有Xwn人攻陷洛陽的記載，證明Huns即是匈奴。實際上這個名稱不過是粟特人對「蠻族」的泛稱，以示與漢族有別，雖然我們可以考證出這個文件的Xwn是南匈奴。從拜占庭史料中可以發現Huns這一概念是混淆不清的，有時指突厥人、匈牙利人，有時指阿瓦爾人。在不能確切斷定Huns的種族起源之前，只能稱其為匈人。

匈人在四世紀時崛起於南俄草原，先後擊潰了阿瓦爾人、東哥德人，越過高加索，大軍直抵亞美尼亞、敘利亞、巴勒斯

·上帝之鞭──阿拉提

坦，並進入巴爾幹半島，勢如破竹。拜占庭帝國顯然不是他的
對手，有七十個以上的城市淪於匈人之手。拜占庭只能尋找其
他對策，常用的是賄賂求和。如公元四四八年雙方所簽訂的協
議，拜占庭每年需付給阿提拉二一○○鎊金幣。這種方式是屈
辱性的，出於迫不得已，而且還會因此不得不徵收大額賦稅而
引起人民的不滿，更加深國內的危機。拜占庭曾試圖誘使匈人
使者愛特哥（Edeco）去謀殺阿提拉。愛特哥佯裝答應，回去
後卻向阿提拉如實報告了這一陰謀。

　　拜占庭運用的其他策略則高明得多，其中最成功的是宗教
和文化滲透。讓匈人皈依基督教，這樣在同一信仰的前提下，
可使他們成為拜占庭的伙伴。有一份五五五年的《敘利亞編年
史》記載，亞美尼亞主教喀多薩（Qardusat）帶了六名教士到
匈人中去，在那裡待了七年，使許多匈人受了洗禮，還將一些
教典譯成他們的文字。我們不清楚這是哪種文字，很可能是中

亞地區最早使用的魯尼（Rune）文字，其基本字母寫法類似突厥人最早應用的魯尼文字。早在五二七年，有一位匈人王公戈達斯（Gordas）訪問君士坦丁堡時，就受了洗禮，拜占庭皇帝成了他的教父。戈達斯回去之後，將匈人所崇拜的銀質偶像全部熔化，並承擔起保護博斯普魯斯海峽的任務，從此這裡發展成拜占庭和匈人的貿易中心。

拜占庭的另一項措施是不斷派遣使者前往匈人那裡，他們名義上是和平使者，實際上是去探聽虛實，或者在匈人內部製造不和。前面所提到的誘使愛特哥謀殺阿提拉未遂事件，就是在一個拜占庭使團陪同下策劃進行的。

有一位著名的神學家普列斯庫斯（Priscus），在五世紀時曾充當拜占庭的使節，前往匈人地區，留下了記載。多虧這份記載，後人才能了解阿提拉的真實面貌及其宮廷生活情況，而其他有關的東羅馬史料都是得自傳聞＂未必可信。下面摘錄一段普列斯庫斯的記載：

「我們到了一個鎮上，等了些時候，阿提拉出現在面前。他坐在中間一張床上，後面另有一床作為台階，升至臥床。臥床上有褶皺的床單，就像希臘人和羅馬人用於遮蓋新娘的臥床一樣。坐在阿提拉右面的是顯貴。我們坐在左面，較低一級。他的長子坐在右首末端。宴請時，阿提拉先舉杯為上座者致敬，被敬者立著飲酒，不等阿提拉乾杯不能坐下。然後其他客人向阿提拉祝酒，他沒有站起。每人後面都有一位掌酒。依次，阿提拉又為位次者致敬，禮節如前。他也為我們祝酒。酒過數巡，開始進餐。客人都用銀然，阿提拉自己用木盤。客人的酒杯或金或銀，他自己的酒杯是木製品。他的衣服樸素，但很清潔。」

如此看來，這位上帝之鞭阿提拉頗知禮儀，並非粗野無文之輩，無怪乎羅馬皇帝瓦倫提尼恩的姊妹荷諾麗亞（Honoria）執意要嫁給他。

　　拜占庭力圖以這些方式，與匈人和平共處，並且確實保持了一個和平友好時期，有些匈人還成了拜占庭的雇傭兵。阿提拉死後，他的一個兒子甸吉思赫（Dengizikh）想進攻君士坦丁堡，但其虛實早被對方了解清楚。公元四六九年，匈人大敗，從此一蹶不振，甸吉思赫的首級被帶到君士坦丁堡，沿著中心大街一路展示。匈人以後的去向沒有文獻可証，只能認為是同化於其他東方部落了。公元六八二年，一名阿爾巴尼亞（高加索地區）主教訪問過一個匈人建立的高加索王國，那時它已淪為可薩人的附庸國。

　　十九世紀時，有許多西方學者主張匈牙利人是匈人的後裔，理由是匈人所操的語言是芬語（Finns），匈牙利的人種來源主要是芬人（也有突厥人種）。又由於某些中外學者將匈人和匈奴人等同起來，因而有匈牙利人是匈奴人後裔的說法。但匈奴語是突厥方言的一種，絕不是芬語。順便提一下，密爾曼（Milman）在一八四五年出版的那本吉朋《羅馬帝國衰亡史》注釋本中已說明，德京將匈人和匈奴等同起來的理論已被當代史學家推翻（見該書第二卷第四八六頁）。吉朋卻花了許多篇幅來記載匈人的先人匈奴與漢朝的關係。

計退阿瓦爾人

　　阿瓦爾人（Avars）的起源說法不一。有的說他是柔然人的後裔，突厥人擊潰柔然後，約兩萬名柔然人西奔，成了歐亞

· 阿瓦爾人

大陸的阿瓦爾人，其事發生在六世紀中葉。也有人說，嚈噠人中有一部分是多瑙河阿瓦爾人的先祖。七世紀的拜占庭史學家席摩喀他（Simocatta）說，侵入歐洲的實際上是假阿瓦爾人，其實是Var和Chunni兩種民族，Var即Avar，Chunni即匈人，他們與真正的阿瓦爾人有別。

　　最近牛津大學的語言學博士惠特貝（M. Whitby）認為這兩個名稱是席摩喀他杜造出來的；早於席摩喀他的另一位拜占庭史家彌南寶的《殘經》中稱阿瓦爾人為Varchunnitae，席摩喀他將此名竄改為兩個名稱，說成有一種Var人是假阿瓦爾

人。席摩喀他的記載影響很大，長時期來史學家均談到真假阿瓦爾人之別。目前對此可不必深究，阿瓦爾人的人種組成較複雜，真實情況還是個謎。

阿瓦爾人在五五七～五五八年挺進到阿蘭人區域，派了個使者去見拜占庭皇帝查士丁尼。拜占庭突然見到這位新來者梳成髮辮的樣子為之震驚，厚贈禮品遣歸。

公元五六八年左右，阿瓦爾人已完全征服了多瑙河中游地區，他們的首領伯顏（Bayan）要求允許阿瓦爾人居住在拜占庭帝國領土之內，為查士丁尼二世所拒，從此雙方結怨。阿瓦爾人連續為患邊境，拜占庭只能向他進貢，以求安寧。

公元五八八年，阿瓦爾人又入侵，拜占庭大將普里斯庫斯（Priscus）被圍，莫里斯皇帝焦慮萬分。如果此役敗戰，就再也無人能抵禦阿瓦爾人，帝國將岌岌可危。他苦思三天，悟出一條妙計，立刻召一名衛士前來，囑他故意為阿瓦爾人所俘，讓他們搜出一封皇上致普里斯庫斯的信件，信中叫普里斯庫斯不必擔憂，阿瓦爾人必遭滅頂之災，原屬於帝國的領土必將收復。因為我們已派遣海軍和陸軍進抵阿瓦爾人後方，俘虜了許多人。阿瓦爾人的可汗必然蒙受奇恥大辱，被迫撤退。這位帶了信件的衛士果然在途中被俘，並交出信件。可汗通過譯人，了解了信件內容後，為之戰慄，立即與普里斯庫斯媾和，急速退回本土。此圍遂解。

阿瓦爾人所建立的國家在八〇五年為保加利亞可汗克魯姆（Krum）所滅。但他們並沒有在歷史舞台上消失，前面所提到的十世紀的《箴言》，還記載著他們活躍於達爾馬提亞。

與薩爾馬提亞人的和解

薩爾馬提亞人（拉丁語的 Sarmatians，與希臘語中的 Sauromatians 是相同意思），是一支操伊朗語的部落，他們在公元前六～四世紀時已出現在歷史舞台上，希羅多德的《歷史》中曾提到這個部落。最初他們活躍在歐亞草原的頓河出口處東北地帶；考古發掘表明，伏爾加河下游和薩瑪拉上馬拉爾地區存在過獨特的薩爾馬提亞文化，與其為鄰的是斯基泰人。西方史學家考證，到公元前三世紀時，所謂的薩爾馬提亞人實已包括Aorsi（有人認為即我國史記所稱「奄蔡」）、盧克桑人（Roxolani）、阿蘭人（Alans）和耶茲格人（Iazyges），他們西渡頓河，到達黑海北岸草原，又南向抵達北高加索。到了公元後二世紀，其中的阿蘭人已成為北高加索的主人。

四世紀時，薩爾馬提亞人入侵多瑙河西岸的拜占庭行省潘諾尼亞（Pannonia）。他們不想永久占據領土，只是為了掠奪財物，通常是騎兵先行掃蕩。皇帝君士坦修斯二世率軍打敗了他們。可他們出沒無常，經常又捲土重來，邊境為患不絕。君士坦修斯亟思與他們和解，一勞永逸。這時機會來了，薩爾馬提亞人中發生奴隸起義，奴隸的人數遠遠超過主人。強者就是權力，昔日的主人反成為奴隸，但這些昔日的主人寧作拜占庭的奴隸，不願淪為自己奴隸的奴隸，因而乞求拜占庭的保護。皇帝既可憐他們，又考慮到乘人之危將留下後患，答應化干戈為玉帛，給他們自由，條件是以後不再與拜占庭為敵，並任命齊柴思（Zizais）為他們國王。這位薩爾馬提亞人齊柴思以後信守諾言，不再騷擾拜占庭。君士坦修斯後來總結這段事實時稱：「與其派外人來當薩爾馬提亞人的國王，不如選他們自己的人。他們接受自己的人當國王，就會尊敬他。」事實說明這

一決策是恰當的。

　　那些奴隸組成的薩爾馬提亞軍隊既掌握了政權，對拜占庭自然不利，且是個隱患。史料中稱他們為Limigantes，以示與自由人的薩爾馬提亞人有別。君士坦修斯將他們擊潰後，把他們的父親、妻子、兒女安置在一個平原上居住，保證他們的安全。最初，他們渴望自由，不願遷居他處，再作奴隸，以後發現沒有跡象表明是處於奴役境地，也就安心住下。君士坦修斯自豪地說：「我們讓Limigantes遷居到很遠的地區，他們永不會再對我們構成威脅。我們保全了一大批人的生命。」作為自由人的薩爾馬提亞人後來回到原先居住的黑海附近地區。

遠交近攻

　　從公元五二七年開始，拜占庭一直處於與波斯交戰的狀態。拜占庭意識到波斯東部還有一股巨大力量，可以與之結盟，共同對付波斯人。這支潛在的盟友是突厥人（指我國史料中所說的西突厥）。最初西突厥不願與波斯為敵，它和波斯王庫薩和（Khosrow）聯軍擊潰了蹶躂，雙方都得到了好處。那時中亞的絲綢貿易由波斯人把持，突厥人想繞過波斯人，直接與拜占庭貿易，途中被波斯人強行購取，並當眾焚毀，突厥派往波斯的使節也多數被毒死，兩國關係日趨緊張。公元五六八年，突厥可汗Silziboulos（即西突厥的室點密可汗）派遣粟特人摩尼阿赫（Maniach）作為使者，抵達君士坦丁堡。此行的政治意義遠遠超過貿易關係，拜占庭皇帝從摩尼阿赫的陳述中得知這些催悍的突厥人如何征服嚈噠人和擊潰阿瓦爾的情況後，查士丁二世決定派齊瑪庫斯（Zemarkhos）作為使臣，隨

同摩尼阿赫去見突厥可汗。室點密在怛邏私（Talas）非常友好地接待了齊瑪庫斯，並邀請他一同往擊波斯。

　　不久，摩尼阿赫去世，齊瑪庫斯歸國，可汗派遣使臣達干（官號）泰格瑪（Tagma）隨他同往君士坦丁堡。此後兩國外交使節頻繁往來。據拜占庭史家彌南寶統計，自五六八～五七六年之間，拜占庭五次遣使前往突厥，所以他說：「突厥人成了東羅馬人的朋友。」公元五九八年，西突厥達頭可汗致函拜占庭莫里斯皇帝，詳述突厥人的輝煌戰績，特別是擊敗了阿瓦爾人。這是拜占庭深感興趣的。信中並談到了東方有一強國桃花石（Taugast），其國君稱「天子」（Taisan）。桃花石即中國，在突厥文《闕特勤碑》中寫作Tabgac，突厥語—ab—與希臘語—au—有對音關係，所以Taugast就是Tabgac。

　　公元六二六～六二八年，拜占庭和西突厥會攻波斯，長驅直入，兵力直抵第比利斯城下，波斯被迫議和。西突厥首領齊貝爾（Ziebel）與拜占庭皇帝希拉克利厄斯相會於戰場，齊貝爾以兵四萬人付之而還。拜占庭的史料中稱齊貝爾是可薩突厥的首領，但亞美尼亞和格魯吉亞的史料都說它是個葉護（Jebu），現在西突厥汗國的統葉護可汗。（此說可參見Sinor編：The Cambridge History of Early Inner Asia; Dunlop: The History of The Jewish Khazars: Golden: Khazar Studies等書）

柴士丁尼怎樣打敗波斯人

　　波斯帝國的薩珊王朝興起於公元三世紀，為了爭奪對美索不達米亞的控制權，曾屢次與拜占庭發生戰爭，而這些戰爭經

常是以拜占庭的失敗告終。波斯王庫薩和（Chosroes）即位後（五三一年），國勢更強，與拜占庭戰了又和，和了又戰，雙方邊境幾無寧日。公元五七六年，庫薩和結集大軍，渡過幼發拉底河入侵，拜占庭皇帝查士丁二世仍按老辦法，以重金收買蠻族作為傭兵前往作戰。這些傭兵雖然剽悍，在關鍵時刻未必都能視死如歸，因為拜占庭不是他們的祖國。這時率軍抵抗的是柴士丁尼（Justinian）將軍。此人是先皇查士丁尼的侄孫，頗有將才。他一向主張拜占庭的軍力應立足於本國人民，關鍵在於要改變國民的散漫性和無紀律狀態，將他們訓練成一支紀律嚴明的軍隊，素質即可提高，就能使他們盡力為祖國效勞。事實證明，這一辦法取得了成功。

最初，拜占庭軍隊聽到這次波斯入侵是庫薩和國王親征，幾乎喪膽。於是柴士丁尼將軍隊集合起來，發表了一篇著名的演說，目的在於激勵士氣，發揚愛國主義精神。他的氣壯山河的言辭使每個戰士為之感動、振奮，並投入行動，最後取得了此役的光輝勝利。這篇精采的演說已載在史冊（見席摩喀他《歷史》），為後人傳誦。下面摘錄一段：

「羅馬人（即拜占庭人），這個日子來到了！如果我的話能說服你們，那將是你們最高利益的開始。我說，在武裝你們的軀體之前先要武裝你們的精神；在用雙手戰鬥之前先要用頭腦去戰鬥。要敢於為了別人去冒險，這樣自己也就得救。戰爭是對勇者和懦夫的考驗，也是人類靈魂的仲裁。或者証明我們是膽怯的懦夫，或者是光輝的勝利宣告我們是勇者。死亡，這甜蜜之物，每天都可能嘗到，它只是一種睡眠，只是睡得比通常的睡眠長些，但較之等待死亡的來臨要簡單得多。如果人們因他的不忠而貪生，

則雖生猶死，他的墳墓也無法掩蓋他的恥辱。不要為波斯國王那些無能的遊牧人感到氣餒，民族的自豪感遠勝於一切。勇者是無所畏懼的，他視刀劍為食品，視弓箭為濃酒，傷者是勝利的源泉；退逃將被人奴役，不可能得救。像斯巴達人那樣去戰鬥吧！」

正是這篇演說產生了巨大的精神力量，鼓起士兵的鬥志，使庫薩和遭到慘敗。庫薩和回到本土後，對這次蒙羞的失敗發表了敕令訂入法律：「波斯國王將永不親自參加遠征軍。」

拜占庭的上層人物所受的教育中包括修辭學，所以擅長演說。歷史上曾有許多名篇流傳下來；朱里安皇帝對士兵的一篇演辭，也同樣膾炙人口。

秘密武器——希臘火

希臘火是敘利亞人卡里尼科斯（Callinicus）在公元六六八年發明的一種秘密武器。這種燃燒物從管子中或繫在弓箭上射出，立即焚燒。拜占庭將它裝備在船隻或要塞上，數次擊退了來犯的阿拉伯人和羅斯人。公元十世紀，羅斯的伊戈（Igor）王子帶領艦隊從基輔出發，沿著德聶伯河南下，穿越黑海，企圖進攻君士坦丁堡，拜占庭皇帝羅梅納斯二世依靠了希臘火的威力，使羅斯的海軍幾乎全軍覆沒。

一位日爾曼的主教利烏特普蘭德（Liudprand）對此役留下了記載。文中說，那天黑海風平浪靜，羅梅納斯的船隻處於被羅斯人包圍之中。突然，希臘人（指拜占庭人）向包圍的船隻投射火器。羅斯人見此情況，紛紛棄船投海。他們寧可淹死而

· 希臘火

不願被焚。有些人連同盔甲一同葬身海底，有些人在游泳時被
燒死，只是由於羅斯人的船隻小，掉頭快，一部分人才倖免於
難。成書於十一世紀的《俄羅斯編年史》對此役也有記載，它
稱希臘火是「來自上天的閃電」，是羅斯人無法抗衡的。

　　對於這種火器，拜占庭一直保密。後來人們從保存著的一
份十世紀的手稿中，才能略知其配方。據載：「取硫黃、酒石
酸氫鉀、波斯膠（起粘合作用）、溶解的硝酸鈉、石油混合
之，然後著火投射。」其火焰只能使用尿、醋、黃沙才能撲
滅。另有一種配方是硫黃、木炭和硝酸鈉。通常它們是通過銅
管投射出去。這種液體燃燒物一出銅管，即成燃燒的氣體。這
種技術保密甚嚴，誰洩漏出去，連教會也要將他驅逐出教。

　　據一位西方學者說，阿拉伯人後來通過他們的盟友，得悉
了此項製造技術，並開始應用它。他認為火藥的使用起源於希
臘火。大陸歷史學家馮家昇先生則認為火藥是從中國傳至回教
國家，再傳至歐洲。火藥的製造起源於煉丹術。有的學者說，

阿拉伯的煉金術是八、九世紀時從中國傳入的。希臘火的發明者是敘利亞人卡里尼柯斯，那時敘利亞的煉金術已很發達，有的阿拉伯人是從敘利亞那裡知道了煉金術。第一本阿拉伯人提到煉金術著作，就是哈立德·本·耶茲特（卒於七〇八年）從希臘文直接譯出的。因此，可以認為，中國和敘利亞既都早就有了煉金術，彼此也都掌握了原始的火藥生產技術，從東西兩方將此種技術傳入阿拉伯國家，也是順理成章的事。

現在西班牙馬德里圖書館中還藏有一幅十四世紀的繪畫作品，描寫拜占庭船隻如何使用希臘火攻擊敵船。

與哥特人的周旋

大概在公元二世紀時，有幾支重要的日爾曼部落活躍於南俄的大草原上，他們是巴斯塔爾人（Bastarnae）、黑魯爾人（Heruls）、哥特人（Goths）、格皮德人（Gcpid）、汪達爾人（Vandals）、倫巴底人（Langobards）。其中哥特人最強大，最富於活力。二世紀時，他們的商人已經抵達印度，而鄰近的羅馬帝國更是他們主要的掠奪對象。有一個哥特人的兒子甚且當上了羅馬皇帝，稱馬克西邁納斯·色雷斯（Maximinus Thrax，二三五～二三八年在位）。

在日耳曼人的英雄史詩中，提到從四世紀至六世紀這二百年中，有五位領袖人物堪稱日耳曼人的英雄，他們是東哥特國王愛爾曼納立克（Ermanaric，卒於三七五年），萊因勃艮地國王貢達哈里（Gundahari，卒於四三七年），歐洲匈人國王阿提拉（Attila，卒於四五三年），東哥特人在意大利的國王齊奧杜立克（Theodoric，卒於五二六年），意大利倫巴底國

王阿爾布因（Alboin，卒於五七二年）。其中有兩位是東哥特人。至於匈人阿提拉，他未必是日耳曼人，但在日耳曼人史詩埃達（Edda）和尼布龍根之歌中都稱他是偉大的英雄、理想的統治者。

哥特人一分為二，即東哥特和西哥特。東哥特國王愛爾曼納立克的勢力曾達到黑海沿岸，後遭匈人與阿蘭人的聯合攻擊，不敵自殺，繼承者亦戰死疆場。東哥特人在三七六年遷居到多瑙河一帶，另一部分西哥特人則移居色雷斯，從此與拜占庭帝國糾紛迭起。

公元三七八年，東羅馬皇帝維倫茲（Valens）所率領的軍隊在東色雷斯為西哥特人所敗。此役羅馬軍隊損失三分之二，瓦倫斯亦戰死。面對如此強大的敵人，拜占庭不得不講求應付的策略，所採取的措施大致有以下幾點——

1. 召募哥特人為傭兵，使其為帝國效勞，並給予高薪。
2. 在色雷斯的哥特人完全自治，免除一切賦稅。
3. 邀請東哥特國王阿泰那立克（Atharnaric）訪問君士坦丁堡，皇帝親至城外歡迎，並陪同他抵皇宮安榻。

正由於拜占庭採取這些措施，與哥特人的關係大見改善。如當時的一位演說家式梅斯修斯（Themistius）所說：「現在創傷已癒合，羅馬最勇敢的敵人現正成為羅馬最可靠和最忠誠的朋友。」公元四八三～四八四年間，東哥特國王齊奧杜立克被拜占庭皇帝齊諾（Zeno）任命為近衛軍統領和執政官，齊諾並利用他去征服意大利，徹底擊潰了另一支日耳曼部落黑魯爾國王奧多維克（Odovacar）在那裡的統治。正是這個奧多維克，在四七六年廢黜了最後一個西羅馬皇帝奧古斯都勒斯

（Augustulus），宣告西羅馬帝國的終結。

不數年，東哥特的齊奧杜立克取代奧多維克之後，就成了意大利的實際統治者。他死後，繼承者懦弱無能，且頻有內亂，拜占庭先後派大將貝利薩里厄斯（Belisarius）和納爾西茲去意大利征討東哥特人。公元五五二年，東哥特人戰敗，與拜占庭簽訂和約，哥特人同意離開意大利，保證以後絕不與拜占庭作戰。從此，拜占庭帝國得以控制意大利，將它納入帝國疆域之內。這些東哥特人後來下落不明。

據教會史料記載，在八世紀中葉，從克里木半島至伏爾加河下游，有一個哥特人教區，屬君士坦丁堡大主教管轄。這說明他們已信仰東正教了。實際上，早在四世紀時，烏爾斐拉斯（Ulfilas）已在哥特人中傳播基督教，並將福音書譯成哥特文，供教徒閱讀。哥特文字是烏爾斐拉斯創制的，共二十七個字母，其中十九個取自希臘字母，六個取自拉丁字母，兩個取自日耳曼人的魯尼（Runic）字母。烏爾斐拉斯屬基督教中的阿里烏派（Arians），他們反對「三位一體」教義，主張基督是人，不是神，被正統教會視作異端。另一部分西哥特人曾於四七五～七一一年間，在高盧和西班牙建立過自己的王國。

間諜戰

間諜的效用，自古以來就受重視。據說，西亞的米底亞（Media）王國早就注意到這項祕密武器，運用得最為出色。

拜占庭時代，東西往來頻繁，以商人、教士或其他身分出現，相互刺探經濟情報和軍情的特多，有的還進行挑撥離間，試圖製造混亂。十世紀時常駐君士坦丁堡的一名德國主教利烏

特普蘭德（Liutprand）就是一個情報人員，常將刺探所得發往本國。例如，拜占庭的祕密武器「希臘火」如何打敗了羅斯的伊戈王子，他講得很詳細。拜占庭帝國在這方面也並不後人，普羅柯庇阿斯的記載如是說：「關於間諜活動，許多人一開始就受國家的支持，不論是在與波斯人的戰爭中，或是在通商活動的名義下，他們總是仔細觀察外國的每一件事情。當他們返歸本土時，就向統治者詳細彙報所見到的敵人的祕密。拜占庭當局也提供了足使他們自衛的裝備，因此不會發生對他們不利的事情。」君士坦丁七世所寫下的那部著名的《帝國的治理》，分析了當時的國際形勢和對付外邦的策略，這些情況顯然是根據間諜的情報而寫成。歷史上記載，他有許多檔案資料。

間諜活動取得最成功的範例，要算一二五九年的佩拉貢尼亞（Pelagonia）之戰了。邁克爾八世（Michael Ⅷ）在此役獲得勝利後，才能將拉丁帝國逐出君士坦丁堡，使拜占庭收復了故土。當時拜占庭軍隊在法蘭克敵軍附近築營，他們派了一名間諜往敵營中去散播謠言並製造不和。那名間諜偽裝成一個開小差者，在夜間潛入敵營，對愛托里亞（Aetolia）的統治者安格魯斯（Angelus，是個與拉丁人合作的希臘人）說：「今天你們將有極大的危險，包括你的女婿和所有盟友。伯羅奔尼撒的王公和西西里國王已祕密派了使者去拜占庭人那裡，與他們作金錢交易。如果你珍視自己的生命，應在他們串通起來簽訂和約之前，迅速作出決定。」

安格魯斯被說服，立刻悄悄地傳話給他所能通知到的士兵，在日出之前全部撤退了。安格魯斯遁走的消息很快傳遍開來，其餘士兵也紛紛逃走。其他盟軍不清楚這是怎麼回事，感到困惑。但軍事人員既已減少，力量也削弱了，盟軍只得停止

攻擊，也宣布撤軍。拜占庭人乘機追擊，來不及逃跑的人盡被俘虜，西西里國王僅以身免。

拜占庭的情報機構有二個：一個是「蠻族局」；另一個是Dromus，相當於現在的外交部。它們專事搜集各國情況及有關備忘錄，了解其強弱程度，以籌謀對付之道：或則利用它們，或則使它們中立。這兩個機構記載了各國最有影響力的家族，注意到他們最喜愛的禮物是什麼，應該怎樣培養他們的情感，使之傾向拜占庭，應該與他們建立怎樣的政治和經濟關係。一句話，拜占庭的對外關係是建立在情報手段的基礎上。掌握了信息，才能制訂不同的外交政策，拜占庭人始終認為：一項聰明的外交策略遠勝於簡單粗糙的軍事行動。正是依靠這種靈活性、策略性和預見性，拜占庭得以兵不血刃，使不少敵人納入帝國的勢力範圍。而這些又是許多間諜的情報起了重要作用。拜占庭的情報機構「蠻族局」管理範圍很廣。

實際上，拜占庭只認為自己才配得上稱為有文化的民族，其他都是蠻族：如六、七世紀的汪達爾人、西哥特人、東哥特人、法蘭克人、匈人、阿瓦爾人；十世紀時的可薩人、匈牙利人、羅斯人；十一、十二世紀的法國人、德國人、威尼斯人等。儘管有些民族的文化當時已發展起來，但拜占庭人仍對他們不屑一顧。拜占庭人的自豪感是相當強烈的。

坐山觀虎鬥

公元 一〇七三年，教皇格列高里七世（Gregory Ⅶ）即位。他原名喜爾得布藍（Hilderbrand），是個神學家，即位後為了實現奧古斯丁《上帝之城》的理想，積極擴展羅馬教廷的

權力，聲稱教皇是上帝所立的普世唯一主宰，世界上一切君主和臣民都須服從他。羅馬主教可派立或廢黜主教，禁止非教會當局派立主教；羅馬主教甚至有廢去皇帝之權。

　　根據他的說法，拜占庭皇帝和教會都是羅馬教皇的下屬。教皇對拜占庭虎視耽耽，要迫使它就範。但教皇本身沒有軍力，依靠諾曼人的軍隊。諾曼領袖羅伯特·吉斯卡爾是教皇格列高里七世的盟友，這時他已占領意大利南部和西西里，其雄心是要將拜占庭納入他的版圖。拜占庭皇帝亞歷克修斯處此險境，想起神聖羅馬帝國的國王亨利四世；此人與諾曼人為爭奪意大利控制權，長久以來與羅伯特·吉斯卡爾不睦，又為了自選主教問題，與教皇格列高里七世衝突，不得不科頭跣足，衣不蔽體，赴教皇門前請罪，為此結下深仇。亞歷克修斯以祝賀亨利四世作戰勝利為名，派人送給他大量禮品，包括：金冠、掛在胸前的珠寶鑲嵌的十字架、一盒聖物、水晶花瓶、紅寶石瓶、香油、一百件紅袍以及一千萬餘金幣，並暗示他逐出諾曼人。

　　亨利四世早就想當「羅馬人的皇帝」，他收到了金冠等禮物後，更積極想登基為帝，且要報教皇使它受到屈辱之仇，於是率軍遠征南意大利，以從拜占庭送來的金幣買通了羅馬貴族，使他們拱手讓出了羅馬。亨利四世將格列高里七世遷到聖安琪羅要塞居住，另立克來門特三世（Clement III）為教皇。這位教皇在梵蒂岡為亨利四世舉行加冕禮，使他實現了「羅馬人的皇帝」這一夢想。

　　諾曼人羅伯特·吉斯卡爾聞訊趕來解救，一〇八四年將亨利四世逐出羅馬。諾曼人的占領對羅馬是個災難，他們在那裡大肆劫掠，許多平民死於暴力，大量房屋被摧毀或焚為灰燼，羅馬從此不復成為一個古典的大理石城市。羅馬人痛恨諾曼

人，羅伯特・吉斯卡爾被迫撤離，亨利四世再次成為羅馬主人。格列高里七世則威信掃地，無法留在羅馬，一〇八五年客死於意大利南部的薩勒諾（Salerno）。他的遺言是：「我酷愛正義，痛恨邪惡，最後落到死於流亡。」表達了無可奈何而又悲哀的心情。

・諾曼人佔領羅馬

與汪達爾人爭霸海上

汪達爾（Vandals）原是東日耳曼的一個部落，四世紀末為匈人所逼而西遷，先是征服了高盧（Gaul），四〇九年占領西班牙，四二八年在國王蓋塞力克（Gaiseric）帶領下，十六萬汪達爾人渡過地中海，在北非突尼西亞建立一個強大的王國，定都迦太基。汪達爾人有一支龐大的艦隊，稱霸西地中海，並直接威脅到地中海東部的拜占庭。有了汪達爾王國存在，拜占庭就別想越出愛琴海一步。

公元四五五年，蓋塞力克率領汪達爾艦隊進軍羅馬，西羅馬帝國皇帝馬克西姆斯（Maximus）在逃竄中被殺，汪達爾人在羅馬劫掠達十四天之久，並帶走了眾多俘虜，包括瓦倫蒂尼恩三世的皇后尤朵西阿（Eudoxia）和她的女兒在內。其中一個女兒後來嫁給蓋塞力克的兒子洪諾立克（Huneric）。消息傳來，拜占庭舉國為之震驚，不得不謀求對策。

利奧一世於四五七年即位後，考慮到要與汪達爾人爭霸海上，必須有一支強大的艦隊，因此傾全力建設海軍。據說所建成的船隻超過一千艘，兵力達十萬人。利奧一世派巴息力斯庫斯（Basiliscus）為統帥，進攻北非。當大軍抵達默庫利翁（Mercurion）時，蓋塞力克遣人往告巴息力斯庫斯，將答應拜占庭所有要求，唯乞寬限五日。正當巴息力斯庫斯為兵不血刃取得勝利而慶祝時，汪達爾人卻在五日內修繕了戰艦，並以廢船改裝作火攻之用。第五日，大風朝向默庫利翁，汪達爾艦隊進港，突然以火點燃廢船，猛衝拜占庭艦隊。

史家普羅柯庇阿斯記載這次海戰情景稱：「當火船逼近，羅馬人（指拜占庭）的艦隻顯得進退失措，風聲、烈火聲，夾雜著水手嚎叫聲。他們只想用長杆推開靠近的火船。這時汪達

爾人出現了，將羅馬人的艦隻擊沉，想逃走的士兵成了俘虜。」只幾個小時，一切都告終結。巴息力斯庫斯逃回君士坦丁堡，全靠他的姐姐利奧一世的皇后求情，才免於一死。可說是當斷不斷，反受其累。

齊諾（Zeno）即位後，接受了上次慘敗的苦痛經驗，認為時機未成熟，絕不可輕舉妄動，於是與蓋塞力克簽訂和平協議。雙方保持了相當長時間的友好關係。蓋塞力克死於四七七年，繼位者是他的孫子希迪力克（Hilderic），他也反對戰爭。五三一年，希迪力克的表兄弟格列梅（Gelimer）即位，寫了封被認為是侮辱性的信給拜占庭查士丁尼一世。查士丁尼認為汪達爾昇平日久，已荒於戰備，不可錯失時機，即以此為藉口，於五三三年遣大將貝利薩留斯（Belisalius）率軍征伐。

這次戰爭的一大特點是拜占庭軍隊中半數是強悍的蠻族傭兵，多數是匈人，這就是拜占庭所慣用的「以夷制夷」策略。這些匈人在四六九年進攻君士坦丁堡時遭到沈重的打擊，其首領且被割下頭顱，在大街上示眾。餘眾或者四散潰逃，有的成了傭兵，以後匈人常以傭兵為業。貝利薩留斯利用匈人傭兵作戰，取得勝利，並俘虜了格列梅。至此，拜占庭完全占領了汪達爾人在北非的佔領區，使拜占庭的艦隊航行地中海不復受阻。從另一方面看，要保衛北非的據點，需要在那裡駐紮大量軍隊，並且補給線也拉得很長，這未始不是一項沈重的負擔。

汪達爾王國既亡，其士兵被集合組成拜占庭的五個軍團，派往波斯前線作戰。他們成了拜占庭的傭兵，又是以一個異族來對付另一個異族。

汪達爾人占領羅馬、西班牙和北非時，將那裡貴重的藝術品和文化遺產破壞殆盡。現在人們稱出於無知或故意破壞文物的野蠻行動為汪達爾主義（Vandalism）。

與蒙古人結盟

　　成吉思汗統治時，曾遣哲別和速不台西征高加索，打敗了羅斯人和庫蠻人的聯軍。其後，尤赤之子拔都又繼續西征，一二四〇年占領了基輔，兵力直抵匈牙利和亞得利亞海。拔都在南俄草原建立了一個金帳汗國，定都薩萊（Sarai）。那時，君士坦丁堡已被拉丁人占領，拜占庭帝國局處於小亞細亞。雖說是個小朝廷，可羅斯人對拜占庭忠貞不貳，主要原因是信仰同一正教，情感上有緊密的聯繫。羅馬教廷一向有控制羅斯教會的意圖，以抵制拜占庭的影響。

　　蒙古人對羅斯的入侵，使教廷認為有機可乘，便不斷派人去基輔，企圖說服他們；許諾只要改信天主教，羅馬教廷就以羅斯諸公的宗主國身分與蒙古人進行交涉，不讓他們進犯羅斯。當然，最好是使蒙古人也改信天主教。一二四八年，教皇親自致函基輔的亞歷山大・雅羅斯拉維奇，建議他們信奉天主教，並答應保護他們，幫助他們反對蒙古人。亞歷山大識破了羅馬教廷的擴張野心，斷然加以拒絕。

　　面對教廷的挑戰，拜占庭意識到必須加強與蒙古人的友好關係。蒙古人雖然占領了一大批羅斯領土，但對那裡的東正教會並不迫害，反而他們承認羅斯的教會有免除課稅的權利；蒙古的官員不得干涉修道院長、修士、神父和一切崇拜聖母像的人。這些措施使拜占庭感到寬慰。一二五七年，一個高規格的蒙古使團來到拜占庭政府所在的小亞細亞，然後拜占庭立即派遣使節去金帳汗國，雙方結成了友好關係。這對兩者都有好處。金帳汗國因此得到羅斯教會的支持，地位愈加鞏固，拜占庭則可借蒙古人的力量牽制拉丁人。從此，拜占庭的外交人員和商人不斷往來於薩萊與小亞細亞之間，在薩萊的宮廷內也有

· 拜占庭與蒙古人

了希臘人主教，而基輔的東正教大主教則經常充當拜占庭與金帳汗國的信息聯繫人。

　　俄國古代編年史記載，薩萊的主教齊奧格諾斯托斯（Theognostos）曾受基輔大主教基列爾（Cyril）與金帳汗國可汗忙哥帖木耳（Mengu Temir）的委託，帶了信件和禮物給拜占庭的邁克爾八世，表示支持他反對拜占庭的敵人威尼斯。忙哥帖木耳即位於一二六六年，此信發出日期當在該年之後。齊奧格諾斯托斯先後去過拜占庭三次。金帳汗國的另一統治者諾垓（Nogaj）曾娶邁克爾八世的私生女優弗洛辛（Euphrosyne）為妻，關係遂更密切。諾垓幫助拜占庭在保加利亞樹立起一個可以為拜占庭利用的新沙皇帖爾特（Terter，

一二八〇～一二九二年在位）。一二九九年，諾垓的兒子查卡（Carca）自封為保加利亞沙皇，標誌著拜占庭與金帳汗國對保加利亞有共同的利益，而羅馬教廷始終未能控制保加利亞。

對統治了伊朗的蒙古旭烈兀王朝，拜占庭也積極爭取友好關係，以利用他們的力量來解除塞爾柱克突厥人的威脅。旭烈兀的兒子阿八哈（Abaga）甚至娶了邁克爾八世的另一個私生女瑪麗亞為妻（一二六五年）。十四世紀初，塞爾柱克帝國淪為伊爾汗國的一個行省，使拜占庭鬆了口氣。塞爾柱克帝國的瓦解，金帳汗國也起了作用，拔都曾不斷干涉其內部事務，支持一派反對另一派。忙哥帖木耳和拜占庭都支持蘇丹凱卡烏斯二世（Kaykawus II），當他因內部權鬥而失敗時，逃至君士坦丁堡（一二六一年），忙哥帖木耳考慮到他的安全，又將他移至克里木半島（一二六九年），予以庇護，最後他死在那裡（一二八〇年）。

拜占庭與蒙古人的結盟，使雙方長期保持友好關係，又解除了來自塞爾柱克人的威脅，並且達到共同控制羅斯的目的：金帳汗國以其軍事實力統治羅斯，拜占庭則以東正教牢固地控制羅斯人的思想，從而擴大其影響。拜占庭與蒙古人在這方面的合作，還可見諸金帳可汗召開會議，討論對羅斯王公們的政策時，經常有教會的代表參加，有些主教還充當可汗的使者，去參加王公們的會議。拜占庭在金帳汗國統治羅斯時期究竟充當了怎樣的角色，不能完全說是「助紂為虐」，他們確實起了居間調解人的作用。在可汗眼中，那裡的主教區是拜占庭帝國的代表，因而享有特權地位。它既是為教會利益說話，又可以對可汗任意作出的決定提出不同意見。在羅斯人看來，拜占庭教會絕不是他們所痛恨的金帳汗國的伙伴，他們經常會將自己深受壓迫的痛苦去向教會申訴。

Chapter 3
拜占庭和中國

對貿易通道的探索

　　對外拓展貿易，首先要了解各國的風土人情和地理位置。中世紀拜占庭開展對外貿易，除了地中海以外，對其他各地情況並不熟悉，特別是東方。一大批商人或旅行家擔任了開拓者的任務，往來東西南北，留下了記載，為同時代人和後人提供了許多方便。

　　有一個四世紀的敘利亞商人寫了本《世界和民族誌》，原文是希臘文，現在所見到的是兩種拉丁文版本，從希臘文譯出。書共六十七節或六十八節（版本不同），前部分記載了敘利亞的行政區域和二十二個城市情況，其後談到了埃及和阿拉伯，也談到了東方，並大量記載了東方的商業活動。

　　據前蘇聯學者庇古列夫斯卡雅考證，此書成於三五〇年。四世紀中葉出現了一本《亞歷山大傳奇》，作者偽稱是亞里斯多德的外甥卡列斯丁尼斯（Kallistenes）。書中記載了印度和婆羅門，稱恆河兩岸居住有來自印度和賽里斯國（Serica）的婆羅門，並說：「我個人曾經到過印度的邊緣。」對於賽里斯，有段奇特的記事，說：「亞歷山大雖從未渡過恆河，但卻一直挺進到賽里斯國。該國的賽里斯人紡織絲綢。亞歷山大在那裡豎有一根石柱，寫道：『我，馬其頓國王亞歷山大，曾抵達此處。』」

　　有人考證，這段關於印度的記載乃是巴拉底斯（Palladius）在四二〇年所寫，後來被竄改，編入到《亞歷山大傳奇》一書內，其中所說的賽里斯國恐是中亞古國大夏。《亞歷山大傳奇》在世界上有許多語種譯本，包括拉丁語、阿拉伯語、波斯語、俄語等。我國曾在吐魯番出土有該書古蒙文譯本（現藏德國東方圖書館）。

還有一位菲洛斯托格（Philostorgue）寫過一部《教會史》。他生於三六八年，十二歲時去君士坦丁堡，喜歡旅行。此書撰成年代約在四三〇年左右，書中記載了阿拉伯半島南部、錫蘭、印度、衣索匹亞等地情況。他沒有將恆河與印度河區別開來，概稱之為斐松河（Phison），有些資料得自印度人齊奧菲爾（Theophile Indos），他是阿拉伯半島南部希木葉爾王國派往拜占庭的使團領袖。

　　書中有很多地名很難考定，譬如他說東方有個地區名kasia（他本人沒有去過東方），早期的歷史學家如德京、洪堡都說它指的是中國的疏勒（漢代西域車師國境內一座地池，今新疆奇台縣），李希霍芬和斯坦因又說是崑崙。但要說四世紀的拜占庭人就知道中國的疏勒或崑崙，似乎不大可信。還有個金洲（Chryse），也是古代希臘、拜占庭著作中常提到的地名，學者間有阿瓦、勃固、馬來半島、印度的金地等說法。

　　柯斯麻士（Cosmas）是六世紀人，寫過一本《基督教地誌》。柯斯麻士是否真名，還不清楚，梵蒂岡檔案中所藏這部書的最早抄本（八或九世紀）沒有作者的名字，只是在佛羅倫斯的勞倫茲圖書館中的十一世紀寫本上才見到他的名字。此書的卷首談作者的宇宙觀（Cosmos），可能因此人們為他取名Cosmas。他的全名是Cosmas Indicopleustes，意思是「去過印度的柯斯麻士」。作者是位景教徒，為了要了解世界各地景教的傳播情況，足跡遍抵衣索匹亞、印度和錫蘭；用他自己的話來說：「從亞歷山大直抵南大洋。」書中記載了各地的風土人情和貿易情況，稱中國為秦尼策（Tzinitza），乃得諸傳聞，但確實說明了從中國由陸路來到波斯，較海道快得多。此書寫成年代在五四七～五五〇年之間。

　　最重要的是前蘇聯學者庇古列夫斯卡雅在一九五一年出版

的《拜占庭通往印度》一書中公布的《卡斯托里斯地圖》。繪製者卡斯托里斯是個商人，圖共十二幅，現所見到的是十一或十二世紀的複製品。圖上有許多古拉丁文。據她考證，原圖可能成於公元三六五年。圖上裝飾了三個御座，即羅馬、君士坦丁堡和安提俄克，代表了當時的三大城市。君士坦丁堡是君士坦丁大帝改名的，則此圖繪成當在君士坦丁執政期間或之後。圖上除了繪出這三大城市周圍的城市名稱外，還標出了通往東方的海路、陸路，包括途經的城市。它稱中國為「大絲綢之國」（Sera Major），稱北印度為達米里卡（Damirica）。

這位商人是否到過中國，不得而知，但他和前面所提到的幾位旅行家一樣，渴望了解東方這個「未知之國」的心理是相同的。

卡斯托里斯還似乎寫過一本《宇宙誌》。七世紀的一部拉凡那地理書籍中提到：「我們讀到在這一達米里卡印度（Inde Dimirique）國內有許多城市，但我僅能根據宇宙誌專家卡斯托里斯的著作而指出其中的幾座。」此所謂「宇宙誌」究竟是書還是圖，或者地圖僅是此書的附錄，還不清楚。

拜占庭之所以嚮往東方的塞里斯國，原因自然主要為了可直接從東方獲得絲綢原料，免受中間商的壟斷。他們原本可以根據公元二世紀時托勒密（Ptolemy）的《地理誌》來確定至東方的通道，然而托勒密的記載主要是根據一個馬其頓商人馬埃斯·蒂蒂阿努斯（Maes Titianus）的說法，那個商人本人也沒有去過中國，僅是根據手下一批與中國有貿易來往的商人提供了線索，真假參半。例如，書中提到東方有一個國家叫秦尼（Thinai），另一個國家叫賽里斯，其實都是指中國，前人已說秦尼是賽里斯國的一個地區，只是名稱來源有異。書中又說秦尼人的海灣居住有食魚為生的衣索匹亞人，更是牛頭不對馬

嘴。所以拜占庭人決意對賽里斯國弄個清楚，以便開展東方貿易。何以稱中國為Seres，迄今還沒有一個令人滿意的解釋。有人說古希臘人稱中國的蠶為Ser，而這個字又源自漢語的「絲」。不過，Ser這個字在公元二世紀時始出現，在此之前已有Seres一名。

關於中國的知識

拜占庭商人不僅活躍於地中海世界，其足跡且東至印度、甚或更遠一些。他們何時始至中國，無明文記載。據《隋書·裴矩傳》記載，裴矩撰有《西域圖記》，曾詳細談到中國至拂林（即拜占庭）的交通路線，他是根據西域來華商人的途中見聞而記錄下來的。《太平廣記》卷八十一《梁四公記》談到西海之人皆巧，能造寶器，「所謂拂蘇國也」。所以隋代以前，我國已知道西方有個拂蘇國。至於《後漢書》和全一國志·魏略》中所說的「大秦」，原來僅指羅馬帝國或帝國的東部，那時拜占庭帝國尚未建立。到了唐代，《舊唐書》卷一九八稱：「佛蘇國一名大秦」，這時的大秦國才指拜占庭。所以《大秦景教流行中國碑》說：「大秦國有上德曰阿羅本。」指的就是從拜占庭來的聶思脫里派高僧。《唐會要》卷四十九說阿羅本是波斯僧，可能他是經波斯而來。

拜占庭人早就知道東方有個盛產絲綢的賽里斯國，這個國家究竟是什麼樣子並不清楚。公元三六五年，前述的拜占庭旅行家卡斯托里斯畫了一幅通往世界各地的交通路線，此即著名的卡斯托里斯地圖。圖共十二幅，東方世界屬第十一、十二幅。圖上的極東部分有「大絲綢之國」，但沒有具體到那裡的

·拜占庭與商人

交通路線，可見在四世紀時，一般拜占庭人對中國的理解還很抽象；或者說，很少有人真正來過中國。

四世紀時的另一位拜占庭史家馬賽林努斯（Amianus Marcellinus）則對中國有詳細的記載。他說：「在兩個斯基泰之外和之東（可能指東部和西部西伯利亞及俄國在歐洲的一大部分），有一條高高的圍牆包圍住賽里斯。它疆域遼闊，沃地千里，西鄰斯基泰，東北是凍土，南方延伸到印度和恆河……那裡有不多的城鎮，但都很富饒，人口稠密。他們完全不懂得戰爭和使用武器……他們是最容易和睦相處的鄰居。他們不貪婪，愛好安靜的生活，避免與其他民族接觸。」

馬賽林努斯的這段記載，取材於途經印度港口的商人所述的故事，雖然不是親身經歷，但總算對中國的地理環境和風俗

習慣有個概括性的介紹了。

　　前面所說的希臘人柯斯麻士，在六世紀時寫了一部《基督教地誌》。據載，在最遠之東方有一Tzinista國，航程到此為止，過此即是無人居住的世界。此Tzinista國即指中國，得名來源可能是受到印度或波斯商人的影響。古印度人稱中國為Chinasthana，波斯人稱Chinastan。柯斯麻士沒有進一步介紹中國的情況。

　　以上所說的是拜占庭人從往來於南方航行的商人中所得知的中國。另一方面，他們從中亞的突厥人中也得知有關中國的情況，最具體的是拜占庭七世紀時史家席摩喀他（Theophylact Simocatta）的《歷史》。此書約成於六二○年之末。據載：「陶格資（Taugast）是一名城，其地遠離突厥人約一五○○哩。阿瓦爾人被擊敗後，其中一部分人逃至陶格資。」「陶格資的統治者稱Taisan（天子），在希臘語中即『神之子』的意思。他們崇拜偶像，法律公正。有大河分國為兩部，裂為二國，以河為界，時相攻伐。相傳陶格資城乃亞歷山大所建。」

　　這裡所說的陶格資 Taugast，即是中國，在古突厥文碑銘中寫作Tabgach，原來是指拓跋氏，其時拓跋魏正稱雄於北方。此名到了元代，又譯作桃花石，如《長春真人西遊記》所云：「桃花石謂漢人也。」至於書中所說Taugast城乃亞歷山人所建，乃是將亞歷山大所征服的大夏、粟特與中國本土混雜了。

　　我國史料中確實記載有拜占庭官方來華的，當屬《唐書・拂菻傳》所載：「貞觀十七年（六四三年），拂菻王波多力遣使獻赤玻璃、綠金精等物。」早於他的，則有一些景教僧侶，如貞觀九年（六三五年）來華的「大秦國上德阿羅本」。拜占庭來華的商人具體姓名不詳。他們輸入中國的商品中有一種極

為重要的藥物，即底野伽（theriaca）。這是乾封二年（六六七年）輸入的。它是一種解毒良藥，唐代蘇恭所撰的新修《本草》中說：「底野伽味辛苦無毒，主百病中惡客忤邪氣心腹積聚。出西戎。」

在拜占庭，紫紅色的袍服最高貴，它象徵皇室和公正，除了皇室，一般人嚴禁穿著。但他們的染色程序非常複雜，且染料價格昂貴，所以渴望從中國輸入紫紅色的錦緞。他們見過中國的錦緞，為之讚歎不已，所以五世紀時的恩諾迪尤斯（Ennodius）說：「當皇家貴族的紫紅色服裝照耀著你的面龐時，實在無法形容出人格多麼莊嚴崇高。啊！賽里斯人，請出示您們用紫紅色染料所染的服裝吧！不要使人長時間等待那種在染缸中變得高貴起來的服裝！」

那時他們對羊毛與蠶絲這兩個概念是混淆的，並沒有嚴格的區別，稱絲為「賽里斯人閃閃發光的羊毛」，「Sericum（絲織品）是賽里斯人所輸出的一種羊毛。」

概念的混淆不能歸咎於拜占庭人，因為公元前一世紀時的希臘人斯特拉波（Strabon）早已說過：「在某些樹枝生長出了羊毛，人們可以利用這種羊毛紡成漂亮而纖細的織物，這種織物與賽里斯織物（Sericum）一樣。」

據我國正史記載，至少在八世紀初，已有拜占庭商人來華，他們回國後，與後來的馬可‧波羅一樣，留下許多關於中國的奇事軼聞。十二世紀有位歐斯塔蒂奧斯（Eustathios）記稱：「賽里斯人不喜歡社交州又很難接近。他們把自己所希望出售的商品價格寫在小口袋上，然後就退避而去；商人們於是趕來，把價款放於原地就自動離去了；賽里斯人接著就立即返回來，如果他們滿足於所提議之價款，就將它取走，否則就再拿走自己的商品。」

這自然是一種傳說，但也反映出他們認為中國是個禮義之邦，做買賣誠實無欺，也不必擔心有人會乘機竊取商品或錢財。拜占庭人飽經戰亂，渴望有像中國那樣的太平盛世到來。

測量員到了絲綢之洋

九世紀時有位愛爾蘭修士狄古爾（Dicuil）寫了《地球的測定》，其手稿於一八七〇年出版後，立即引起歷史學家和地理學家的興趣。書中提到一份三九三年的地理著作說，「拜占庭皇帝西奧多希厄斯一世在位第十五年（即公元三九三年），派人去測定各國的長度和寬度……大亞美尼亞和裏海地區有許多住在大洋的民族，這一地區東接絲綢之洋……」

希臘早已知道東方有個絲綢之國（Seres），但絲綢之洋（Oceanus Sericus）還是此書首先提到，而且是西奧多希厄斯派人去測定它位於裏海以東。它究竟指哪裡？人們紛紛去探索古拜占庭文獻，他們發現在四一七年的一位西班牙人保羅·奧洛斯（Paulus Orosius）的著作中已經提到：亞洲三面受大洋包圍，其中一個大洋稱絲綢之洋。可見這個名稱並非虛構出來，可能從西奧多希厄斯以來，已定名靠近中國的大洋為絲綢之洋。

德國的地理學家李希霍芬（Richthofen）在《中國》一書中說：「四世紀時，西奧多希厄斯為了解東方世界而派出了測量員，他們報告說，東方大海中有絲綢之洋。可以得出這樣的結論，從那時開始，大家知道，絲國的邊境是大海。」他斷定這大海就是太平洋。不過，那時對於賽里斯這個國家的版圖多大，僅有模糊的概念。

七世紀時拉凡納（Ravenna）的無名氏寫過一本《地理誌》

（該書在拉凡納發現，作者姓名、國籍不詳），將這一地區稱作「賽里斯印度（Inde Serica）」，其中包括大夏、華氏城（Palibothra）在內。他說，賽里斯印度境內有數條江河流經（包括恆河），這一賽里斯地區也與海洋連接……有大夏印度的賽里斯洋（即絲綢之洋）。根據他的記載，絲綢之洋應該包括南中國海和印度洋在內。我們習慣上已稱南海、印度洋這條海道為絲綢之路，何不效拜占庭古人之例，稱這條洋面為「絲綢之洋」。

與中國的友好往來

《景教碑》中提到了許多景教僧侶的名字，他們究竟來自大秦或波斯，尚不清楚。其中明確說到來自大秦的，除了阿羅本外，還有一個佶和。碑稱，天寶三年（七四四年），「大秦國有僧佶和，瞻星向化，望日朝尊。詔僧羅含、僧普論等一七人，與大德佶和於興慶宮修功德。」唐人段成式《酉陽雜俎》中記載一種植物阿魏，稱它「葉似鼠耳，無花實。斷其枝，汁出如飴，久乃堅凝。拂菻國僧鸞所說同。」這位拂菻國僧自然是指景教僧。

在十世紀時的一位阿拉伯人的遊記中說，黃巢之役，在廣州死難的穆斯林、猶太人、基督教徒和祆教徒達十二萬人。我們不能排除這些基督教徒中有來自拜占庭的商人或景教僧。在《唐書》和《冊府元龜》中還有記載，開元七年（七一九年）、天寶元年（七四二年），拂菻國遣大德僧來朝。

拜占庭政府正式遣使節來我國的，除了前已提及的拂菻王波多力遣使來華外，大足元年（七〇一年）又遣使來朝，景雲二年（七一一年）遣使獻方物，開元七年（七一九年）遣吐火

羅大首領獻獅子、羚羊各二。到了宋代，元豐四年（一○八一年），其王滅力伊靈改撒遣大首領你廝都令廝孟判來獻鞍馬、刀、劍、真珠。元祐六年（一○九一年），其使兩至。「你廝都令」是Nestorian（景教徒）的音譯。

我國對拜占庭自不陌生，《唐書》、《新唐書》都有《拂菻傳》。玄奘《大唐西域記有拂懍國，慧超《五天竺國傳》也記有拂臨國，指的都是拂菻。但他們是耳聞所及，並未親自去過。唐代曾去拜占庭而有姓名可考者，一個是杜環，他在天寶初隨高仙芝軍隊西征，在怛邏斯一戰，被大食人所俘，流離異域凡十餘年始返。杜佑《通典》中稱他「天寶十年（七五一年）至西海（即地中海）。寶應初（七六二年）因賈商船舶自廣州而回，著《經行記》。」杜環既到過地中海，自然去過拜占庭，所以《經行記》中關於拂菻國的一段記載乃得自親身經歷，並非道聽塗說，是可信的資料。他說：「拂菻國在苦國（即敘利亞）西，其人顏色紅白，男子悉著素衣，婦人皆服珠錦，好飲酒，尚乾餅，多工巧，善織絡。」另一位在唐代去過拜占庭的是阿羅憾，此名見於端方《陶齋藏石記》卷二十一的《阿羅憾碑》。他原是波斯人，來我國之後，唐高宗任命他為將軍，並派他充任拂菻國諸蕃招慰大使。據載，他「於拂菻西界立碑，峨峨尚在。宣傳聖教，實稱蕃心。」這段記事沒有見於正史，阿羅憾這個名字很像是Abraham的譯音，可能他是從波斯來的猶太人。

唐朝的皇帝知道拜占庭是個重要大國。九世紀時的阿拉伯人伊本‧瓦哈卜見過唐朝的皇帝（可能是懿宗或僖宗時期），皇帝對他說，世界上有五個君主：一是統治伊拉克的王，是「王中之王」；二是中國皇帝，是「人類之王」；三是突厥君主，是「猛獸之王」；四是印度國王，是「象之土」；最後一

個是拜占庭王，是「美男之王」。皇帝對拜占庭最為讚賞，說世界上的男子都不如拜占庭的男子那樣英俊。

元初有個景教徒拉班・把・掃馬（Rabban Bar Saum），在至元十五年（一二七八年）西遊，於一二八七年抵達君士坦丁堡，

・拜占庭建築（哈爾濱聖・索菲亞教堂）

受到過拜占庭皇帝安德魯尼柯斯二世的接見。到了元末，有個拜占庭商人捏古倫入市中國，元亡不能歸。明太祖接見了他，並命他帶著詔書去拜占庭。詔稱：朕「建元洪武，於今四年矣。凡四夷諸邦，皆遣官告諭。惟爾拂菻，隔越西海，未及報知。今遣爾國之民捏古倫，齎詔往諭。」（《明史·拂菻傳》）他去後沒有信息，於是又派使臣普剌等資敕書、彩幣，招諭其國，乃遣使入貢。《殊域周咨錄》中也有類似的記載，但沒有提到普剌，只說捏古倫去後，「國王乃遣使來朝，並貢方物。」

唐代似乎已知道拂菻的語言，段成式《酉陽雜俎·木篇》曾舉出許多植物有拂菻語名，如「婆那娑樹，出波斯國，亦出拂菻，呼為阿部韇。」「齊暾樹，出波斯國，亦出拂菻國，拂菻呼為齊虛。」「蓽撥，出摩伽陀國，呼為蓽撥梨，拂菻國呼為阿梨訶咃也咃。」「穄齊香，出波斯國，拂菻呼為頂勃梨咃。」「波斯皂莢，出波斯國，拂菻呼為阿梨去伐。」「沒樹，出波斯國，拂菻呼為阿縒。」「底稱實（阿驛），拂菻呼為底珍。」等等。勞弗爾（B. Leufer）以為這裡所說的拂菻語乃指拜占庭帝國東部敘利亞所操的阿拉眠語（Aramaic），有些是拂菻所流行的外語借詞。

中國大陸於一九五三年在咸陽底張灣的隋墓出土了一枚拜占庭金幣，屬查士丁二世時代（五六五～五七八年在位）；隋墓的年代在六世紀末，因而此項發現可視為拜占庭與我國已有貿易往來的一項證據。

景教僧帶回了中國養蠶技術

中國養蠶技術是怎樣傳入拜占庭的，在拜占庭史料中有兩

種說法。一是六世紀人普羅柯庇阿斯（Procopius）在《哥特人的戰爭》一書中的記載：查士丁尼執政期間，更確切地說，是在公元五五〇或五五一年間，「某些來自印度的修士們深知查士丁尼皇帝以何等之熱情努力阻止羅馬人購買波斯絲綢，他們便前來求見皇帝，並且向他許諾承擔製造絲綢，以便今後避免羅馬人再往他們的宿敵波斯人中或其他民族中採購這種商品了。他們聲稱自己曾在一個叫賽林達（Serinda）的地方生活過一段時間，而賽林達又位於許多印度部族居住地以北。他們曾非常仔細地研究過羅馬人地區製造絲綢的可行辦法……皇帝便向這些人許諾將來一定會得到特別厚待、恩寵，並鼓勵他們通過實驗來證實自己所說。為此目的，這些僧人返回了賽林達，並且從那裡把一批蠶卵帶到拜占庭。依我們上述的方法炮製，他們果然成功地將蠶卵化成蟲，並且用桑葉來餵養幼蟲。從此之後，羅馬人中開始生產絲綢了。」

另一是九世紀初拜占庭史家齊奧法尼斯（Theophanes）的記載。他說：「在查士丁尼統治期間，一位波斯人曾在拜占庭介紹過有關蠶蟲的起源問題。一直到那時為止，羅馬人對此尚一無所知。這位波斯人來自賽里斯人之中，他曾在一個小盒子裡搜集了一些蠶卵，並且將之一直攜至拜占庭。當春天到來時，他用桑葉來餵蠶卵。一旦當蠶蟲吞食了這些樹葉後，便長出了翅膀。他們完成了剩餘的工序。」（以上譯文均引自戈岱司編，耿昇譯：《希臘拉丁作家遠東古文獻輯錄》，第九六、二六頁。中華書局，一九八七年）

前面所說的賽林達和賽里斯均指中國。但究竟是誰將蠶卵帶回拜占庭的呢？一個說是「來自印度的修士們」，一個說來自「一位波斯人」。法國學者布爾努瓦（L. Boulnois）在《絲綢之路》一書中說：「從邏輯上推論，許多學者已得出結論，

・歐洲拜占庭教堂內部

他們可能是景教徒。」林賽（J. Lindsay）也說：「是景教徒從中國將蠶卵帶給了查士丁尼。」

他們的說法並非毫無根據。景教的創始人聶思脫里原是君士坦丁堡的大主教，公元四二八年，他捲入了一場關於瑪利亞是否屬「天主之母」（Theotokos）的論爭，聶思脫里強調基督的人性，神性不能產自一位婦人，否定了瑪利亞是「天主之母」的說法。亞歷山大派的西里爾（Cyrille）則認為瑪利亞是全聖的、天主之母和卒世童貞。

公元四三一年，拜占庭皇帝狄奧多西二世通令在小亞細亞的以弗所（Ephseus）召開會議討論，最後通過決議，對聶思脫里處以絕罰並撤去其大主教職務。聶思脫里死後，該派遭到迫害，東奔波斯，在尼西比斯城建立神學院。景教在波斯站穩腳跟後州再向東傳至中亞、印度、中國。

在這一條橫貫東西的交通路線上，所謂「來自印度的修士」，不可能是佛教徒，原文是monk（修士）。摩尼教在波斯受到迫害後，雖曾在拜占庭境內盛極一時，不久也遭禁止。查士丁尼唯一願意接見的是基督教徒，而無論是天主教或東正教徒，那時都沒有來過中國，在中亞或印度也無影響可言，基督教中的一性教（Monophysites）在波斯起過重要作用，但從未傳至中國。所以唯一可能往來其間的只有景教僧侶；說他們是波斯人也沒有錯，因為它是景教最重要的據點。

我國古代嚴禁蠶種帶出。玄奘《大唐西域記》曾經記載：于闐初無蠶種，是東國之女「以桑蠶之子，置帽絮中。既至關防，主者遍索，唯王女帽不敢以驗。」這樣，才將蠶種傳入于闐。斯坦因在新疆的旦旦烏里克寺院遺址，曾發現過這一古老傳說的版畫。

Chapter 4
富國強兵的智慧

絲綢工藝的保密

　　拜占庭的絲綢工業名聞歐亞，其色彩之瑰麗和圖案的多樣性，至今仍為人稱道，現在歐洲的各大博物館中還能見到這些珍品。拜占庭通過中間商波斯人，購得了中國的絲線或原料後，再進行加工和染色，使之更能適合西方的口味。富有的羅馬人和希臘人經常會誇示這些昂貴的絲織袍服和掛件，以顯得其身分不同於一般。拜占庭皇帝送給東歐「蠻族」和地中海沿岸文明國家的禮品中，最貴重的就是絲織品。絲織品還含有政治意義，紫紅色袍服只限於皇帝穿用，後來軍人權力增大，其領袖也能穿。紫紅色是公正和高貴的象徵，西方有句成語：「他升到了紫紅色。」即位居顯要。

　　絲織品的輸出是拜占庭帝國的一項重要收入來源。早在四世紀時，絲織品的出口貿易即由統治者獨佔，它的生產工藝嚴格保密，絕不能洩漏於外。最初，絲織品的生產由君士坦丁堡的帝國工場獨家經營，生產工序有嚴密的劃分，各居一處，織絲的、裁剪的、繡花的、染色的工人互不通氣，由政府官員監督，工人世代相傳。後來因中央權力的衰落，就出現了私人的絲織工場，並且有了各種行會組織，但是對外還是嚴格保密其生產程序。政府規定，外商來到君士坦丁堡，居住期限最多不超過三個月，並且處於嚴格的監視之下，外商的名字都登記在冊。如果是經營絲織品的，則必須居住在指定的區域，貿易談判就在那裡進行，倉庫也在那裡。為阿拉伯商人特設的區域內還有清真寺。任何走私出口或居留期限無故超過三個月的，要受鞭刑、沒收貨物、驅逐出境等處分。外商入境，必須持有個人或集體護照，並且列出他想出售和購進商品的清單。黃金是禁止輸出入的。帝國的絲綢服裝商人必須定期向政府報告有哪

· 波斯商人

些商品售給了外國人。在這樣嚴格地監控之下，絲綢工藝的祕密保持了很長的時間。第四次十字軍東征後，意大利中部盧卡城（Lucca）的絲織工業崛起，但他們的工藝技術是由猶太人傳授的，並不是來自拜占庭。

為了防止外商將購得的絲織品進行仿製和珍品的流失，高檔、上等的絲織品嚴禁輸出。只有基於政治的考量下，才能放鬆禁令，讓某一國家享有購得上等絲織品的權利，例如，穆斯林商人。保加利亞強大時，也享受到這項優惠權；後來情勢發生變化，保加利亞已不足以構成威脅，優惠權也取消了。公元九〇七年，俄羅斯的基輔大公奧列格率軍向君士坦丁堡挺進，拜占庭趕快與他簽訂協議，允許俄羅斯商人在君士坦丁堡可居留六個月，免除關稅，並享有取得上等品絲綢的優惠權。到了九四四年，拜占庭又取消了這個協議，不僅不能免除關稅，還

規定俄羅斯人購買上等絲綢，不得超過五十個俄國金幣。

拜占庭絲綢工藝的祕密主要是指染色技術，特別是紫紅色染料。拜占庭和以前的羅馬帝國皇帝必須穿戴紫紅色袍服，所以這種染料名貴異常。在好幾個世紀中，只有推羅人和西頓人掌握了這一祕密，他們在拜占庭帝國的版圖之內自然是為宮廷服務。這種技術直到中世紀中葉至十七世紀期間才逐漸失密而公諸於世。據說，這種祕密物資採自於某幾種貝殼動物呼吸道的一條小小的內分泌腺中。當這種紫紅色液汁從貝殼動物身上流出來時，呈現為黃色，經太陽曝曬的時間長短不同而分別呈現紫藍色、紫色、紫紅色等。製造這種染料需要大量的貝殼動物，而且印染時要在染缸中浸泡兩次，其價格的昂貴可想而知：每盎司染料的價格等同於每盎司黃金。

到了十三世紀，約翰三世發現拜占庭人瘋狂地愛好絲織服而不惜耗盡其財產時，就嚴禁居民使用這類織物，甚至以剝奪他們全家的公民權相威脅，無論處於什麼情況下，都一概不容寬恕。此項禁令雖有些過分，其目的無非是不使「高消費」弄得民窮財盡。

耕者有其田

六、七世紀時，一連串波斯人、斯拉夫人、阿拉伯人的入侵，使農村的結構產生顯著的變化。地主和農民因外敵不斷侵擾而大批逃亡，田園荒蕪，不僅糧食歉收，同時也影響到國家的財政收入。後來失地雖收回，人口卻急劇減少。加上有許多斯拉夫移民紛紛湧入，必須安置，於是在七世紀或八世紀初公布了「農民法」，使耕者有其田。這項政策調動了農民的生產

積極性，使得農村經濟開始復甦。更重要的，藉此可使占帝國人口大多數的農民成為帝國的支柱。

農民法頒布之後，拜占庭各地出現眾多的「自由農民」村落，或者說是農村公社，特別是在小亞細亞和伯羅奔尼撒等邊境地區更多。他們直接向國家交稅，並有服兵役的義務。

農民法由三個部分組成：（一）各自由農民的相互關係；（二）牲畜的處理；（三）有關生產、工具、農舍等事宜。具體條例非常繁瑣，下面舉出若干主要之點。

> 「農民必須在自己的田地上工作，不能侵犯鄰居的犁田。如果在耕種季節侵犯鄰居的田地，耕具將被沒收；如果在收穫季節，則收穫的他人的穀物和農具也沒收。」
>
> 「農民可相互交換土地，但必須有兩或三人作証。」
>
> 「如果某一農民缺乏耕種能力，則可交他人耕作，獲得的收益均分。」
>
> 「土地可轉讓，但得到土地的人，應將年收穫的十分之一給與轉讓者。」
>
> 「偷盜他人牛、馬的犯罪者，將受鞭刑處罰，並以雙倍價格賠償。」

從名義上說，這些土地都是屬於「自由農民村落」（Chorion）的，由村落分配給農民，所有稅款也是村落集體上交的。被分配的土地不全是耕田，還有葡萄園、果園、森林。這些自由農民不等於自耕農。他們進行雇工，並畜有奴隸，而且條例中對奴隸犯有偷盜行為者處理很嚴，如：「奴隸在夜間偷盜，致使羊隻被驅散而失蹤或被獸類吞食，應對該奴處以絞刑。」「奴隸在森林中任意宰殺牛、馬，任憑主人處

理。」等等。他們脫離了對封建領主的依附關係，本身又成了剝削者或奴隸主。

　　蓄奴是拜占庭的普遍現象，上至帝王、貴族，下至商人、農民，都需要奴隸作為廉價勞動力或供生活上驅使。奴隸的主要來源是北方的異族，如可薩人。有一個紡織工場的女主人丹尼莉絲死後，她的奴隸被放逐至意大利者就達三千人。

　　無論如何，自由農民的出現，表示生產關係的變更，促進了生產力的發展。農村經濟的繁榮，使國家的財政收入得到穩定。但並非所有城市都有自由農民村落或他們的社區，大地主依然存在，如菲拉來托斯（Philaretos）擁有四十八處領地，一萬二千隻羊，六百隻牛（八世紀末）。公元九二七～九二八年間，氣候惡劣，拜占庭出現大飢荒，許多農民被迫以低價出售自己的土地。農民的困境造成一些有權勢者兼併土地的大好機會，皇帝試圖予以約束也無濟於事，因為這些有權勢者是文官或軍人中的上層人物，或者是主教和其他神職人員。而且在當時的社會結構中，農民即使有了自由，社會地位仍是低賤；歷代皇帝有個規矩，「低下者」如果以某種「神祕的方法」升登了高位，必須仍舊回到他原來所處的地位。農民既無權無勢，只能將土地拱手讓出，為地主服役。

　　拜占庭的「農民法」貫徹了兩個世紀宣告結束。在歷史上被譽為有政治家風度的羅曼努斯‧雷卡潘努斯（Romanus Lecapenus，九二〇～九四四年在位）曾發出警告：「小土地所有者有不可估量的價值，他們的存在意味著國家有稅收並且有服兵役的義務；如果這些人減少，這兩項將完全崩潰。」隨後他又嚴禁教會掠奪農民土地。不過，他的保護農民政策卻遭到了王公貴族的反對。九四四年末，他的一些兒子公開背叛，將他放逐。他死於九四八年。

「耕者有其田」政策的殞滅，使農村經濟從此一蹶不振，農民奔向城市者與年俱增。

怎樣團結少數民族

居住在這一龐大帝國內的種族或民族約有二十個左右，大多數操希臘語，還有一些少數民族則有不同的語言和宗教信仰，如突厥人、斯拉夫人、亞美尼亞人、阿拉伯人等等。如何管理他們，將他們團結起來為帝國服務，成為帝國的重要任務。這些少數民族中，有許多是被征服的土地上的居民，也有的是傭兵或戰爭中的俘虜。十世紀時，拜占庭的一個皇帝確立了一項政治原則：「任何民族都具有不同於他民族的風俗和法律，它們應留給他們自己來掌握。」意思是對被征服者要採取寬容的態度，不准強迫他們改變信仰習慣。這一原則不是始終被遵守的，有時對被征服者強迫他們遷居到希臘化影響較大的地區；但總的說來，對待少數民族的態度還是好的。

這些少數民族與他們原來本土的民族自然有認同關係，這也帶來了麻煩。例如，與阿拉伯人發生戰爭時，住在拜占庭的阿拉伯人顯然不願和他們自己的兄弟作戰，從而在國內形成不安定的因素。從帝國的長遠利益來考慮，最好的辦法是將他們同化，或者是兩種文化並存，而以拜占庭文化占主導地位。於是，拜占庭的統治者採用了語言和宗教這兩種手段，不是靠行政命令來解決這個問題。

在拜占庭，希臘語歷來是官方的語言、宗教的語言、文學的語言，也是正式的國語。少數民族要在這樣的環境中生存，不使用希臘語困難重重，這是客觀因素。從主觀上說，要獲取

功名利祿，也得學習希臘語。當然，語言的認同未必就是同化，正像世界各國的猶太人一樣，他們雖操著所在國家的語言，依然保存著猶太文化的特色（其中也有被同化了的）。但希臘語既成了共通的語言，對待帝國的情感就更深了，對拜占庭文化的認同就更強了。

有一位史學家說：「拜占庭接受了這些『無文化』的外邦人，還給他們的是偉大的帝國文化，使他們當上了學者、科學家、神學家、能幹的行政人員。」事實確是如此，拜占庭有許多將軍原來是亞美尼亞人、波斯人、斯拉夫人；許多行政官吏原來是保加利亞人、亞美尼亞人、突厥人、阿拉伯人。希臘化的結果必然使他們的生活方式和習慣帶上某種拜占庭的烙印。

共同信仰是團結的一個重要因素，拜占庭以積極傳播東正教作為信仰趨同的手段。有時他們對異端採取嚴厲的鎮壓，如九世紀時的對待保羅派（Paulicians，他們主張二元論），十一世紀時的反對亞美尼亞教會（從君士坦丁堡教會分裂出去的教派），十二世紀的殘殺鮑格米勒派（Bogomils，主張二元論），成千上萬的異端在劍與火的交替使用下被消滅了。

但從整個歷史時期來看，他們傳播基督教還是主要採用和平的方式、寬容的態度，使馬其頓和伯羅奔尼撒的斯拉夫人信仰東正教，還有瓦爾達爾（Vardar，在南斯拉夫東南）的突厥人，克里特島和幼發拉底河上游的阿拉伯人等等，在這些地方都建立了主教區，奉行東正教的儀式，受君士坦丁堡大主教的管轄。保加利亞的情況有些特殊。一○一八年，拜占庭皇帝巴齊爾二世（Basil II）征服保加利亞，廢除保加利亞的獨立教會，但又將原來的教會作為自主教會，其首領是保加利亞人，保留其對教區的管轄權，並享有種種特權。這個巴齊爾二世曾被稱作「保加利亞人的劊子手」，他在與保加利亞人作戰時，

挖了一萬五千名士兵的雙目。待他征服這批土地後，卻遵循了一個原則：「舊有的秩序必須保存。」對待宗教也是如此。

發達的手工業行會

這裡所說的手工業是指紡織工場、金銀加工、漁場、礦業和某些商業而言。它們的經營方式在拜占庭有兩種類型：一種是官辦，另一種是私營。官辦的基本上是建立在奴隸制度基礎上的生產關係，雖然也雇用了一些工人，實際上這些工人也是處於奴隸的境遇。私營的情況就不一樣，它們組成了行會，以避免競爭並由行會來獨占某一行業的生產和買賣，店主與工人純粹是雇傭關係。在國營工場中，工人的工資全由師博決定，大抵只能維持最低生活。私營工場的規模較國營小得多，最多只有十餘人，但各個行業的私營工場組成了行會，就控制了這一行業。

手工業行會的主要作用在於：保障機會均等，限制自由競爭；生產技術的保密，嚴禁行會會員為非會員工作；禁止販賣非會員的產品，以保証獨占利益；產品價格由行會評定，嚴禁會員削價競爭；監督產品質量，嚴禁以次充好。行會制度的建立是一種行業保護制度，以免某些業主因競爭失敗而破產；同時，在一定程度上也促進了工業技術的發展，因為它要求質量高的產品。但是這種保護主義也產生了反面的效果；由於缺乏競爭，阻礙了具有獨創性意義的技術之發展。

拜占庭政府對行會實行監督。根據利奧四世（八八六～九一二年在位）所發布的《監督書》，共有二十二個行會接受監督。監督官的權力很大，包括：登記貨物清單；任命副手、估

價員；任命行會領袖；控制入會資格；兼任城市警察首腦；審理違犯行規事宜；批准開設商店；控制外貿等等。如工場或商業主認為估價員的評定價格過低，可提出申訴，監督官可根據專家的意見作出決定。行規規定，商店營業必須最遲於晚上八時休業，以制止酗酒喧鬧；金銀買賣商在市場營業時間必須站在櫃旁；雜貨商的利潤規定是16％；亞麻布在營業時間內不能在櫃抬上展示，必須放在肩上；星期日和一切節日，商店停止營業，除了蠟燭商；會員向行會交納會費，其中一部分上交給國家；各種行業都在指定地區營業，以便監督：同一業主不能同時經營兩種行業。最重要的是：嚴禁官員經商。

有些產品或建築物只能由國家負責生產或管理，這是考慮到政治上的原因和國家的最高利益，如：低價供應食品；武器裝備（出於保密原因）；金礦和其他礦產（只有少量由行會的工匠加工）；大教堂（小教堂可由贊助者設計）。所有進口原料都由國家經營，多餘的才分配給行會。

當時，拜占庭的城市經濟由於多年來的異族入侵，已經開始衰落，利奧四世所頒布的監督法保証了產品的質量和買賣公平，並指定各行業的經營地區，為四方客商提供了很大的方便，同時也促使城市經濟的復甦。

另一方面，這些行業「新人」的出現，在國民經濟方面既處於舉足輕重的地位，必然在社會上也令人刮目相視，甚至皇室也得依賴他們雄厚的經濟實力。

當邁克爾五世企圖在一〇四二年推翻佐伊女皇（九七八～一〇五〇年）的統治時，為了拉攏這批「新人」，特別對他們表示了敬意，可是他們表態只效忠於合法的皇室，包圍了皇宮，使邁克爾五世不得不退位。伊薩克‧康尼納斯的即位（一〇五七年），奈塞弗勒斯三世的即位（一〇七八年），都曾得

到這些「新人」行會的幫助。但這些「新人」又不可能孕育成新生的資產階級，因為國家的監督一直有效，它不允許有超標準的利潤。

拜占庭的行會制度對東西方產生了深遠的影響：土耳其蘇丹照抄了監督法的敕令；十二世紀時，西歐一些國家管理行會的條例中，有一部分也抄自拜占庭，他們的行會組織也都接受政府的監督，有些且是在政府干預下組織起來的。這樣就形成了整個西歐的中世紀城市經濟特色，即是保護主義。有了各行業的組合制度，可保護各行業不僅不受到外來的競爭，且不受同行的競爭。

嚴禁官員經商

拜占庭位居東西通道要衝，貿易發達。但是從商者不能當官，為官者不能經商，歷來視為禁令；深恐由此滋生種種弊端，影響政紀。至於官辦企業，則收入歸公，不落私人荷包，是另一回事。當時的貿易除絲綢之外，另一重要買賣是經營金融事業，包括兩種行業，一是錢兌商（Trapezitai），兼營貸款放債，類如現在的銀行；另一是銀匠業（Argyropratao），經營金銀珠寶買賣。它們各有自己的行會組織，形成一股重要的金融勢力，但在社會上的地位並不高。按照中世紀的基督教教義，以各種手段斂財是可鄙的。

公元四三六年，西奧多希厄斯二世下令，任何人從事商業活動者，包括錢兌商、銀匠業、服裝商和其他一切經銷商等，如被發現擔任地方官員，必須離職，恢復原來的身分。「這樣，每一個可尊敬之公務人員的職位不會被玷污。」公元五二

· 拜占庭商人

　　九年，查士丁尼一世命令，禁止公務人員經營商業；無論在君士坦丁堡或其他省區，只有銀匠可留在君士坦丁堡。官員經商，自然會以權謀私，而商人謀求一官半職，即使只是個掛名差使，也可提高他們的社會地位並享受某種特權。有鑑於此，聰明的皇帝必然反對亦官亦商。

　　政府對銀匠業和錢兌商的活動都進行監督，限定他們的經營範圍和手段。這些都載在《監督手冊》中。如有關銀匠業方面，規定：只准買賣金、銀、珍珠、寶石，不得購買銅、亞麻織物或其他商品；不得以低於或高出市場價格收購；如出售金銀贗品，將斷其手；對外來人員出售金銀物品者，須詳詢其來源，以防止出售竊物；嚴禁金匠在家中加工金、銀塊，只准在

店中進行。關於錢兌商，規定：經營此業者必須由有資格、有經驗者作擔保；接受非法鑄造的金、銀幣者，如不報告監督者，將被處以鞭刑、髡刑或放逐。這裡所說的非法鑄造的貨幣，主要是指一些篡位者所發行的貨幣。當時的貨幣上都有帝皇圖像，篡位者的貨幣很容易識別，有些頭上且沒有皇冠。

這些行業的規模都不大，普通只放上一張桌子，就算是經營的櫃枱。但由於經營者的富有，不免引起他人垂涎或嫉妒。五六七年，查士丁二世的皇后蘇非婭召集這些經營者，宣布他們的債務契約無效，沒收他們的債權所得歸還給欠債者。此舉博得了公眾的讚賞。四世紀時，一個哥特人加埃納斯（Gainas）企圖洗劫君士坦丁堡的銀匠業。由於銀匠業事先得知了這一消息，迅速轉移了財產。

經營者的富裕程度可舉出若干例子。安揖俄克的一個銀匠安得羅尼科斯結婚，贈與女方的錢財足夠建造一所醫院；卡羅莫地奧斯的財富堪與一位宮廷貴族比擬；拉凡那的銀匠龍利阿努斯為一個教堂所提供的修繕費用就達二萬八千枚金幣。

八世紀後，禁令逐漸鬆弛，商人當官者屢見不鮮。十一世紀時，有一位錢兌商甚至當上了皇帝，此人即邁克爾四世。

萬商雲集的集市貿易

拜占庭是中世紀東西貿易的中心，其經濟的繁榮和地理位置的優越，吸引了各國商人紛至杳來。十二世紀有一位西班牙猶太商人卞雅憫途經拜占庭時，對君士坦丁堡作了這樣的描述：「從巴比倫、波斯、印度、迦南、俄羅斯、匈牙利、可薩、倫巴底和西班牙來的各國商人雲集在這裡。這是一個偉大

的商業城市。各國商人從海陸兩路來到，有無數財富從各國、各處、各鎮流向這城，其富饒不可想像。」

　　各國商人不僅是雲集在君士坦丁堡，其他重要城市也如此。政府為了吸引外商以增加財政收入，除了在固定地域設置商店外（指各行會組織的行業），還定期在節日舉辦集市貿易──它猶如一種國際博覽會，各國百貨紛陳。薩洛尼卡（Salonika）也是拜占庭帝國的一個重要貿易中心。十二世紀有一位諷刺文學家對薩洛尼卡的節日集市貿易有一段生動的描述。他說：

　　　　「在馬其頓的某一節日，同其他地方一樣，有一個興旺的集市。不僅本地的居民大量湧到，還有許多希臘人、意大利人、凱爾特人和靠近邊境的部落中人。一言以蔽之，地中海沿岸派來了許多朝聖者。我以前曾聽過集市的景況，但未親身經歷過，所以急於要對整個情景作一鳥瞰。這些貨攤排成面對面的長列，中間留有廣泛的空間，足夠顧客來往穿梭。各個攤位排得很緊，使你盡可從容物色。你想知道貨攤上是些什麼商品嗎？這裡有各種男女織成的紡織品，它們來自伯羅奔尼撒半島和維奧蒂亞（Boeotia，在希臘中部）；還有埃及和西班牙的最精緻的床單，以及北非的許多小商品；當然，還有本地生產的商品。使我感到驚奇的是，集市通道上夾雜著許多馬、牛、羊、豬等，牠們的噪聲不斷傳入我的耳朵。一些商人還帶著狗，以防途中遇到狼和強盜。」

　　拜占庭政府確實從集市貿易中得到了好處。據卞雅憫記載，曼紐爾一世（二四三～一一八〇年在位）每年從集市中所

得的攤位租金、市場費和關稅收入高達七三〇萬鎊金幣。

中世紀歐洲的另一個重要貿易集市在法國的貢比涅（Compiegne）。它與拜占庭的不同之處在於：（一）每次節日的集市時間長，通常是四十六天，而拜占庭是一星期左右。（二）集市交易的貨物品種較集中，分階段進行——第一階段是棉布，第二階段是皮革，第三階段是稱份量雜貨。

事實上，每一階段的前期都是準備工作和商品的展示看樣，真正進行買賣的不過三天時間。據拜占庭史家泰奧法納斯記載，八世紀時，拜占庭帝國的以弗所已有集市，政府從中收稅。而貢比涅的集市形成於十二世紀初，可能是商人從拜占庭取經回來，稍加變更其方式，以更適合國情。

棄卒保車——給威尼斯商業特權

威尼斯原是拜占庭的一個行省，歸拉凡那的總督管轄。隨著其商業活動的擴展，逐漸建立起一支強大的艦隊，稱雄於亞得里亞海，到九世紀末成為一個擁有獨立主權的國家。那時，北非的阿拉伯人崛起，曾占領拜占庭統治的西西里和馬耳他等島，並進攻意大利南部。拜占庭帝國本身雖有一支龐大的艦隊，但還不足以對付控制了地中海的阿拉伯人，而且運兵需要大量船隻。因此帝國政府決定給與威尼斯商人種種特權，以換取他們艦隊的支援。威尼斯商人在拜占庭獲得商業特權，固然使帝國的稅收受到影響，可換來的是共同保衛意大利，不使國土淪喪，「丟卒保車」，看來還是值得的。

公元九九二年，巴齊爾二世公布的敕令中說：「根據傳統習慣，威尼斯人將不懈地為帝國效勞。當我們前往倫巴底時，

他們將提供船隻和陸地轉運服務，不收費用。因此我們必須注意他們的請求，命令減輕他們商業活動的稅收。威尼斯船隻來到君士坦丁堡，每艘只需付兩金幣，不論是來自威尼斯或他處。他們離開時，每艘付十五金幣，總共十七金幣。」稅收的降低是驚人的，以前進來的船隻每艘至少要付三十金幣。敕令中還規定威尼斯商人可在市內隨意行走，逗留期限可超過三天。這些都是其他各國商人難以辦到的，這就使得他們無法與威尼斯商人競爭。

對威尼斯人的讓步取得了效果。一〇〇四年，威尼斯幫助拜占庭收復了阿拉伯所占領的巴里（Bari，意大利東南的一個港口，屬普利亞區首府）。同時，另一支意大利的比薩人也在一〇〇五年幫助拜占庭在雷吉奧（Reggio，意大利南部港口）消滅了阿拉伯的艦隊，巴齊爾二世得以重建在普利亞的統治。當他準備收復西西里時，意大利的諾曼人卻從阿拉伯人手中奪取了西西里，諾曼人成了拜占庭當時的最大威脅。

為了對付諾曼人，亞力克修斯一世對威尼斯作了更大的讓步，使他們享有更為廣泛的特權。一〇八二年所公布的敕令中說：「眾所周知，忠誠的威尼斯人是怎樣集合了各種類型的船隻來到地拉基姆（Dyrrachium，即都拉斯，亞得里亞海東部港口）。他們為我們提供了無數海上戰士，他們的艦隻以其實力征服了諾曼人，不使其擴張，而他們自己也喪失了許多戰士。他們仍然是我們的盟友，我們必須給予補償。在帝國各地，他們可以從事各種商業，可以免除各種稅款，並有一個特區專供他們居住。」這一敕令使拜占庭成為威尼斯商人的無稅區，連本國商人也無法與之競爭。

諾曼人吉斯卡爾（Guiscard）早在一〇八一年占領了拜占庭領土地拉基姆，並進入了馬其頓。後因事回意大利，將占領

地區交給博希芒德（Bohemund）管理。一〇八二年，亞力克修斯一世與威尼斯結成新的聯盟後收復了地拉基姆。一〇八四年，拜占庭得到威尼斯艦隊之助，在科孚島沿海大敗吉斯卡爾，諾曼人被迫從希臘撤退。以後，科孚島又再度被諾曼人占領。一一四八～一一四九年，拜占庭憑藉威尼斯艦隊的優勢，又奪回了科孚島。

拜占庭對威尼斯所採取的讓步政策的得失，有待歷史學家去評論。實際上，拜占庭政府對於因此減少了稅收也滿懷怨恨，讓步政策只是權宜之計。一一七一年，曼紐爾一世趁拜占庭民眾對威尼斯商人恨之入骨，群情激昂之際，有組織地掀起了一場全國範圍的反威尼斯運動，逮捕了他們，並沒收了他們的貨物。到了一二六一年，邁克爾八世與威尼斯的宿敵熱那亞結盟，共同對付威尼斯。

在這裡，我們可以再一次看到拜占庭靈活的外交手腕：以犧牲本國暫時的經濟利益來換取他國艦隊的支助，達到了收復失地的目的。

講求戰略戰術的兵書

十一世紀中葉，可說是拜占庭帝國的軍事力量處於巔峰狀態的時代，它是歐洲和西亞最強大的兵力。它的取勝之道除了在數量上保持優勢之外，更重要的是講求戰略、戰術。以陸軍為例，當向前推進時，每個步兵後面必有二或三人充當軍需供應；在正規軍和軍需兵團之外，還配備有包括外科醫生在內的急救人員和工程技術人員。每當前進到某地紮營時，工程人員即在大營周圍打樁，以繩索固定在木樁上圍成一圈，並在繩索

前面掘壕以防敵人突然襲擊。此外，還有一支快速的騎兵起著掩護和隨時出擊的任務。

拜占庭注意戰略、戰術由來已久，歷史上曾出現過許多兵書，或稱「作戰規範」。早在六世紀末，拜占庭皇帝莫里斯一世（Maurice，五八二～六〇二年在位）寫過一本《作戰韜略》（Strategikon），供對日耳曼人作戰之用，教導軍人必須做到知己知彼。他說：這些在戰爭中猛衝直前的日耳曼人非常勇敢，他們視退卻為懦夫，生死置之度外；當他們的戰友陣亡時，必發誓為他復仇。但這是一支無紀律的軍隊，他們不服從上級，也不講究戰略，且喜歡酗酒。他們很容易上我們佯作撤退而突然反擊的當。我們可以在夜間以弓箭手襲擊，必使他們潰退。切不可一開始就正面交鋒；我們必須等待最佳作戰時機，即抓住他們補給供養匱乏之際或在嚴寒酷暑時刻打擊他們，他們必然喪失鬥志。賄賂也是一種辦法；他們喜歡錢財。

九世紀時的利奧六世也寫過一本《作戰韜略》，著重防禦手段，如深溝高壘和訓練迅速調動的方法，以備快速行動的敵人突然滲入。他還強調：每個男子和青年人必須學會如何使用弓箭。如果不可能每人都有弓箭，至少每戶應有一張弓和四十支箭。這樣，敵人入侵時，人人可在岩石上或森林中，給予沈重打擊。

最重要的當推十一世紀初一位大將尼堪福洛斯·烏朗諾斯（Nicephorus Ouranos）所寫的一本兵書《戰略和戰術》（Takitkon）。他曾為拜占庭立下赫赫戰功，十世紀末重創來犯的保加利亞人，並長驅直入，抵達保加利亞中心。對於這段歷史，拜占庭和保加利亞的史家各有不同的評價。前者認為尼堪福洛斯使拜占庭保持了一段穩定和繁榮的時期；後者認為他是劊子手、侵略者。

拜占庭的專司書寫官員

　　他的這本兵書可說是戰爭經驗的總結，我們且看他怎樣說明騎兵和海軍的戰術。

　　騎兵是拜占庭陸軍中一支重要力量，它的衝擊力量經常是克敵制勝的決定性因素。例如，九七一年約翰一世運用騎兵，使持斧的、笨重配備的羅斯步兵受到毀滅性的慘敗。拜占庭的騎兵是怎樣作戰的呢？尼堪福洛斯的經驗是：如果有眾多騎兵，每一騎兵中隊應有五〇四人，縱深分成十二個橫列，首列二十人，依次是二十四、二十八、三十二、三十六、四十、四十四、四十八、五十二、五十六、六十、六十四，這樣組成一個三角形。後行較前行總是多出四人，這四人分列行列兩旁，

以保持齊整的三角形隊形，指揮官總是站在最前面。如果騎兵人數不多，則至少應有三八四人，分列成橫列的人數，依次是十、十一、十八、二十二、二十六、三十、三十四、四十二、四十六、五十和五十四人。弓箭手應夾雜在騎兵的第五行列之後，以便受騎兵的保護，五〇四人的騎兵中隊要有一五〇名弓箭手，三八四人的騎兵隊伍要有八十名弓箭手，他們都騎馬。騎兵應有戴盔的鐵製面具，並佩有短劍和長矛。弓箭手只需穿戴胸甲和頭盔。

海軍也肩負著保衛帝國的重任，它們的戰船稱為dromon，大的可載三百人；典型的是小船，因可加快速度並便於調度，但過小則不能經受風浪。尼堪福洛斯說，戰船不能太小或太大，每艘船必須準備雙份的配備，包括船柄、船槳、橈座、滑輪、滑具、桅杆。此外，還應有木工，帶著各種工具。船首有個噴射口，以便射出易於燃燒的物料（按：指希臘火）。作戰時，當敵船靠近我船，並面對面相互搏鬥時，敵船會猛撞我船，這時船隻容易傾覆，我軍其他船必須立即移向敵船船尾，予以猛攻，使前面的我船不致緊靠敵船。然後這支援的船隻發起全力攻擊，足使那艘敵船連同水手葬身海底。

拜占庭海軍曾稱雄一時，以其無比威力先後擊敗羅斯、阿拉伯、汪達爾人的艦隊，到了十三世紀因國庫空虛，無力建造新的船隻，海上優勢只得讓位於威尼斯人和熱那亞人。

拜占庭的兵書不是紙上談兵，這是他們處於特殊環境下多少年來作戰經驗的總結，怎樣對付敵人人數眾多、快速行動的步兵，又是怎樣抵禦海上來的強敵。

他們特別重視騎兵的作用，這可能是從匈人、哥特人那裡學來的。這些民族具有自己獨特的「馬文化」，與馬有不解之緣，善於騎射，但在騎兵布陣方面沒有固定的規則；拜占庭則

採其所長而更注意到騎兵的戰術。

更令人感到興趣的是聖‧高爾圖書館中藏有一幅拜占庭的騎兵圖，先導的一名騎兵以杆子撐著一條龍作標幟。龍的形狀極似我國的繪法，証明龍的傳說早就傳到了拜占庭。

五彩繽紛的傭兵

歷史上任何一個國家都沒有像拜占庭那樣擁有眾多五光十色的各種外族傭兵，六世紀時有匈奴人、汪達爾人、哥特人、突厥人、斯拉夫人、波斯人、阿拉伯人、亞美尼亞人，十世紀後有可薩人、斯拉夫人、高加索人、阿拉伯人、北方人、諾曼人、意大利人、日耳曼人、熱那亞人、保加利亞人、威尼斯人等等；他們構成了拜占庭軍隊中一支重要的戰鬥力量。

拜占庭之所以會出現這許多外族傭兵，有種種原因（一）是外族紛紛移入，政府從中挑選英勇善戰者組成傭兵；（二）是由友好鄰邦派送來的；（三）是以契約形式雇用的。政府給他們優厚待遇和高官顯位，以圖使他們忠誠於帝國。

一般說來，他們在征戰中寧死不屈，確是盡力為帝國服務，以致有的皇帝認為傭兵較之本民族的軍隊更可依靠。

傭兵的戰績可以舉出一些例子。

一一五九年，邁克爾八世與法、德聯軍作戰，最初並不順利，突然傭兵庫蠻人（Comans）弓箭手出現，箭射敵軍馬匹，使敵人紛紛落馬，許多騎士被一網打盡，著名的聯軍統帥維拉杜因（Villehardouin）也被俘。這就是歷史上著名的佩拉戈尼亞（Pelagonia，在希臘北部）之役。那時的拜占庭帝國首都侷處於小亞細亞的尼西亞，原來的首都君士坦丁堡已被拉丁

· 各國傭兵

人占據。此役勝利之後，士氣大振，一二六一年七月二十五日，乘勝收復了君士坦丁堡，在那裡的拉丁帝國宣告終結。庫蠻人就是活躍於南俄草原的欽察人（Kipchaks），俄國編年史中稱為波羅維茲人（Polovtsy）。

拜占庭有一支瓦朗吉安人（Varangians，瑞典血統俄羅斯人）組成的衛隊。這支衛隊是由基輔大公符拉基米爾送來的。九八八年，拜占庭大將巴爾德斯·福克斯（Bardas Phocas）叛亂，進軍君士坦丁堡。這時，六千名瓦朗吉安人衛隊及時趕到，粉碎了巴爾德斯所發動的政變，挽救了巴齊爾二世。巴齊爾二世治理國家是有政績的，但在對保加利亞人作戰中使用的手段過於殘酷，把一萬五千多名俘虜弄瞎了眼睛。瓦朗吉安衛

隊在一二〇三年抵抗威尼斯人攻打皇宮時也立下了戰功。我們現在從瑞典的古魯尼字母銘文中，還可見到十一世紀時在拜占庭陣亡的一些瓦朗吉安人的名字，稱他們與拜占庭人同時死難。

使用傭兵當然不是萬全之策。給他們高官厚祿，又如何能使本邦將士心理得到平衡？一旦與外邦人作戰，如何能使這些外邦傭兵與他們本國人民作戰呢？一〇七一年，在亞美尼亞的孟齊吉特（Manzikert）一戰，拜占庭受到塞爾柱克突厥人致命的打擊還氾成這次慘敗的一個原因，就是軍中的突厥人雇傭兵離棄職守，奔向塞爾柱克同胞那裡去了。

最大的傭兵是十四世紀西班牙亦軍亦商的卡塔蘭公司（Catalan Company，這家公司以其雄厚的兵力，曾幫助阿拉貢的弗雷特里克三世從昂儒（Anjou）王室查理二世手中奪取了西西里。拜占庭為了抵禦日益強盛的鄂圖曼帝國，決定募請卡塔蘭公司作為傭兵。一三〇五年，公司首腦羅吉·特·弗勞（Roger de Flor）帶著六五〇〇人來到君士坦丁堡，商妥的條件是預付四個月的高薪。次年，他們抵達小亞細亞，重創鄂圖曼帝國，收復了失地。然而，衰老的帝國已無力控制這支因勝利而驕橫跋扈的卡塔蘭人，他們大肆掠奪，民眾怨聲載道，帝國也幾乎被他們傾覆了。

另外，傭兵對鞏固邊境安全和穩定國內秩序作出了貢獻，但還是免不了也造成了後患。

藩鎮制度的建立

七世紀時，拜占庭出現了新的嚴重危機：剛崛起的阿拉伯

人不斷騷擾帝國東部，有一時期甚至封鎖君士坦丁堡達七年之久。為了鞏固邊疆，常備不懈地對付不斷來犯的強敵，舊的行省制度顯然已不能適應新的形勢，於是進行機構改革，在邊境建立起藩鎮制度（Theme system）。藩鎮由軍人管理，集行政與軍事權力於一身，直接受中央領導，但可便宜行事。藩鎮的士兵多屬當地農民，所以是支藩鎮地區的常備軍。將軍隊和土地聯在一起，保証了藩鎮制度的穩定性。這些小土地所有者直接納稅給國家，但既屬軍人，就可免除其他修路、攤派、服役等義務，且有餉金可拿。藩鎮制度是防禦性的，主要功能在於更有效地對付入侵。

十世紀，君士坦丁七世寫過一本《藩鎮》，對藩鎮的出現和第一個「安納托利亞區」（Anatolikon）藩鎮的建立作了說明。他說，第一個藩鎮在安納托利亞區，此名由來並非因為它是日出之處（按：Anatotia原義是「日出之地」），而是我們的東部有拜占庭和歐洲的居民，凡屬托羅斯山脈（Taurus Mts，在小亞細亞南端）地區和鄰近地區，都屬安納托利亞藩鎮管轄。今日所稱的藩鎮，古人從未提到。古羅馬只有營部和軍團，作戰時全憑皇帝的指令決定，只有他是權威。現在情況不同了，帝國不再是東西方的統一體，而是被肢解了，希拉克利厄斯（Heraclius，六一○～六四一年在位）以後諸皇不清楚如何顯示他們的權威性，只能分權，將他們的軍隊分成一個個較小的單位。各個藩鎮管區都以地理名稱命名。

從君士坦丁七世的說明中可以看出，七世紀後，皇帝要全面調動軍隊已有困難，唯一可行的辦法是在邊境各處設立藩鎮，就地建立常備軍，並賦予其相當權力，處理內外事務。首先在安納托利亞建立，是針對來自阿拉伯人的威脅。到了十一世紀，全國有三十多個藩鎮，十二個在小亞細亞，其中最重要

的是安納托利亞區和亞美尼亞區；愛琴海附近有兩個海軍藩鎮；歐洲的藩鎮區有希臘、伯羅奔尼撒、倫巴底等。藩鎮的建立不僅是抵禦外敵的有效手段，它還使帝皇更容易取得信息，更有利於控制和採取行動。藩鎮的軍隊主要是騎兵，各藩鎮為了便於行軍和傳遞信息，都修築了寬廣的大道；一旦有事，中央政府可迅速通知各方藩鎮調動軍隊。

藩鎮在對外作戰方面作出了重要貢獻，八世紀末，色雷斯藩鎮邁克爾·拉卡諾特拉貢（Michael Lachanodracon）數次擊退龐大的阿拉伯軍隊的進攻；身兼五處藩鎮總司令的尼堪福洛斯將阿拉伯人逐出了意大利南部重鎮卡拉布里亞（Calabria）。十世紀末，一支非洲軍隊圍攻安提俄克達五個月之久，約翰一世通知美索不達米亞藩鎮去解圍。他們聞訊趕到了安提俄克，使這一重要城市得以守住，敵軍也不得不撤退。

並不是所有藩鎮都具備指揮能力和雄厚的兵力。在帝國經常處於嚴重威脅的情況下，需要徵募更多的士兵。士兵的來源在農村，他們都屬於當地權勢者管轄。從十世紀開始，中央政府將帝國的土地轉讓給權勢者及其下屬，甚至包括農民，以換取提供兵源。這種土地轉讓形式稱作Pronoia。最初土地只歸領受者終身使用，其後發展成為可以繼承。領得土地者可以免稅，免為帝國政府工作。最後，連士兵也不再提供，完全成了獨立於中央政府之外的封建領主。這樣，原來的藩鎮制度也無形中消失了。拜占庭的封建制度與西歐的不同之處在於：領主因Pronoia而得的土地不能再轉讓，而且也沒有那麼多層次的爵位。

開明君主——安特魯尼科斯

安特魯尼科斯一世（Andronicus Ⅰ，一一八三～一一八五年在位）是拜占庭帝國中興時期一位難得的開明君主。他屬於康尼納斯（Comnenos）王族，即位之前他很傳奇，曾以叛國罪名被判入獄，六年之後逃出，在巴勒斯坦、敘利亞、巴格達等地避難，後被赦免。一一八二年，他乘皇太后瑪麗攝政不得人心的時機，率軍進入君士坦丁堡，一一八三年即位為皇，那時他已經六十七歲了。群眾之所以厭惡瑪麗皇太后的攝政，乃因為她是拉丁人，有親意大利威尼斯的傾向；威尼斯商人在拜占庭享有種種商業特權，深為當地人痛恨。在一一八二年所發生的一場排威尼斯人運動中，意大利人被殺者達六萬人。而且

· 開明君主安特魯尼科斯

當時農民的生活日益艱難，失田者激增。安特魯尼科斯利用這一時機，輕易地取得了皇位。

安特魯尼科斯即位後，宣布自己是農民的皇帝，政府的任務是打破地區的貴族統治，將外國剝削者驅逐出去。他的目標是在農民支持之下恢復中央政府的權力，挽救日益衰落的帝國。他採取各種措施來幫助貧民和農民，嚴禁官員以「自願損贈」的名義向他們勒索。這些措施連他的主要政敵尼基塔斯（Niketas Choniates）也不得不發出讚美之聲：「長期沈睡著處於死亡邊緣的人民好像聽到了天使的號角，從痛苦中甦醒過來，得到了再生。」一些外逃的難民回到本土，食品價格也開始回降。

貴族們發誓要粉碎安特魯尼科斯的統治，他們在亞洲的一些城鎮發動了叛亂。安特魯尼科斯採取斷然措施，毫不容情地將他們吊死、燒死或弄瞎眼睛。他也許走得太遠些。在那封建勢力異常強大的社會裡，一下子要完全鏟除形成封建社會的根源幾乎是不可能的。在對外關係方面，他也未能設法與意大利各國保持友好關係。單純排外是不明智的。他內外樹敵過多，決定了他的統治只能是短暫性的。一一八五年，意大利的諾曼人發起進攻，占領了重鎮薩洛尼卡。當安特魯尼科斯的軍隊正在抵禦諾曼人的進一步入侵時，君士坦丁堡的貴族趁著城內軍力單薄時抓住了安特魯尼科斯，使他飽受酷刑而死。

遺憾的是，他統治了僅僅兩年。前蘇聯歷史學家列夫欽科（Levchenko）評論安特魯尼科斯的歷史功績，在於「在拜占庭歷史上創造了一個獨一無二的民主君主國。」（俄文《拜占庭年鑑》一九四五年，第十二～九十五頁）吉朋稱他是（暴君」，死有應得。另一位史學家密爾曼（H. Milman）則說：「安特魯尼科斯的損落是對拜占庭帝國的一個致命打擊。」安

特魯尼科斯之所以採取開明政策，自稱為「農民的皇帝」，主要原因在於希望取得群眾的支持，以維持搖搖欲墜的封建王朝，只是步子走得太快了一些。

不拘一格的擇將選才

　　拜占庭歷史上曾出現過許多赫赫有名的名將，如普里斯柯斯（Priscus）、貝利薩留斯、納爾西茲（Narses）等，功勳卓著，對捍衛祖國作出了重要的貢獻。他們中有些人並不出自名門貴族，而是出身微賤，只因其有勇有謀、才智過人，故得重用，納爾西茲即是一例。他是亞美尼亞人，當了宦官之後，任皇帝的侍衛。在拜占庭當宦官的不是出生於蠻族的奴隸，就是被釋放的奴隸。雖說他們總是替罪羊，宮廷內發生了什麼事，就歸咎於宦官玩弄詭計，可以說他們是最不受歡迎的人。但一旦他們受到皇帝的賞識或寵愛，就可提升為宮內大臣，權力極大。從官爵來說，位居第四，而且最接近皇帝，這就使得許多大臣紛紛行賄討好他們。

　　納爾西茲早期任侍衛時，還沒有嶄露頭角。五三二年發生了競技場暴動事件，幾乎危及查士丁尼一世的生命。這時，納爾西茲命令衛隊站在出口處，屠殺無數群眾，據說達三萬人。這件事對納爾西茲來說並不光彩，他是個屠夫；然而從皇帝看來，他是個勇士，於是受到賞識。納爾西茲惡名遠揚，只是後來在對外戰爭中為祖國取得了榮譽，才恢復了名譽。

　　納爾西茲因功晉升為宮內大臣，成了朝廷權貴，甚至一些將軍也受制於他。他沒有受過專門的軍事訓練，但在意大利一戰，收復羅馬，將哥特人逐出，立下奇功，也顯示了他確有才

能。六世紀時，東哥特人控制了整個意大利，羅馬是五四六年陷落的，五四七年收復，後又為東哥特人所占。五五一年，納爾西茲組織了一支以傭兵為主體的大軍，向意大利進發。他們是從意大利北部南下的，兩軍會師於塔基納（Taginae）。納爾西茲巧妙地以兩翼包抄的戰術擊潰了東哥特人，乘勝追擊，哥特人的首領托梯拉（Totila）傷重而死。哥特人並不投降，另推梯亞（Teia）為主將，繼續作戰，仍無法抵禦拜占庭軍隊的猛攻，節節敗退，城市一個接著一個投降，納爾西茲收復了羅馬。五五二年梯亞戰死，餘眾與納爾西茲媾和。雙方約定：哥特人離開意大利，今後絕不再與拜占庭作戰；他們可以攜帶所有的財產離境，拜占庭絕不強迫他們為帝國軍隊服役。從此哥特人不再構成對拜占庭的威脅，查士丁尼一世收復意大利的理想也得以實現。

史家評論納爾西茲作為一名軍人之所以能取得成功，在於他的決斷力，毫不躊躇猶豫。他在晚年，還派了一支軍隊去西班牙與西哥特人作戰，收復了科爾多瓦（Cordova）。不過，還應當提一下，納爾西茲當了宮內大臣之後，積聚的財富達數十萬鎊之多。

納爾西茲從一名宦官擢升為大將，除了他本身確是一位將才，還有更深刻的社會背景。當時的宦官都是體格魁梧的異族人（最初，拜占庭嚴禁本國人民自閹），他們與拜占庭的皇室、貴族沒有什麼血緣關係，不必擔心他們會當僭主，因而宦官中多數人充當了近侍和宮廷衛隊，起著保護皇帝的作用，特別受到皇帝的寵愛。同時，皇帝的旨意經常通過他們向外傳達，而他們又不時獻計獻策。雖然一般人鄙視他們，而他們的地位越來越重要，甚至達到專權的地步。貝利薩留斯是一代名將，他與納爾西茲共同參加了許多戰役，但他只能充當納爾西

茲的助手，不敢違逆納爾西茲的旨意。

　　皇帝對宦官的信任，不僅顯示在提拔他們為宮內大臣、衛隊長或將軍，有時還讓他們兼帶特殊使命。例如，優賽比斯（Eusebius）曾被派去賄賂數名叛軍領袖，得以平息高盧軍隊的暴動；優特洛比斯（Eutropius）受西奧多希厄斯一世的委託，曾到埃及的一名隱士那裡了解反僭主尤金納斯（Eugenius）的戰爭情況；克里撒非斯（Chrysaphius）組織了一次暗殺匈人國王阿提拉的陰謀。

元老院恢復了權力

　　君士坦丁定都於君士坦丁堡後，根據羅馬帝國傳統，也在那裡設置了元老院（Senate），成員來自各地，最盛時期達兩千人之多。最初它只是地方性的，地位遠不如羅馬的元老院。君士坦丁的兒子君士坦希厄斯二世（Constantius II）將它升格為國家的元老院，在法律上與羅馬元老院平等，明顯地表示出拜占庭的獨立性，足與西羅馬抗衡。元老院的成員都是貴族高官，並且是世襲的；此外，只有經過皇帝批准或元老院本身的推薦，少數平民才能進入元老院，實際上這些人已是新生的貴族。原來元老院享有立法權力，且可選舉皇帝。然而這是握有絕對權威的帝王所不能容忍的，可又不能出爾反爾，公開撤銷這一機構，因此想出了個辦法：給他們現金高酬，讓他們去盡情享樂，莫管國家大事。元老院的職位是榮譽的，它的可操作性是僅備諮詢而已。

　　一位當時的史家普羅柯庇阿斯（Procopius）描述查士丁尼時代的情況稱：「有許多事情經元老院批准了，皇帝又作出了

· 元老院

另一個最後的決定。對元老院來說，既不能控制選舉權，又不能對公共事務有發言權。他們坐在一起開會，只是為了符合古代的法律，為了要出席。絕對不可能允許任何出席會議的人嚴肅認真地討論任何問題。皇帝則通常假作對他們之間不同意的辯論聽得津津有味，事實上這些意見預先早已取得一致了。」

　　元老院自然不願甘當附庸，總想改變這個局面，只是沒有機遇。公元六一○年左右，機會來了。那時，拜占庭的福克斯（Phocas）是個暴君，他授權一個總督柯思瑪斯（Cosmas）可以任意處置平民，許多人被弄得斷足殘臂，截除的肢體掛在他們頭上，另一些人則被拋入大海淹死，群眾怨聲載道。元老院看準這個機會，唆使非洲總督希拉克利厄斯（Heraclius）起兵抗暴。希拉克利厄斯即派同名的兒子希拉克利厄斯率領海軍進

攻首都，推翻了福克斯的統治，建立起希拉克利厄斯王朝。

　　這次政變初次顯示出元老院潛在的能量，証明它是一支不可低估的力量，從此它恢復了權力。在某種意義上說，權力的再分配意味著對現行政治體制的改革。公元六四一年，元老院廢黜了篡位的赫拉克隆納斯（Heraclonas），將他裂鼻；他的母親瑪丁娜（Martina）也受割舌之刑，然後一同放逐。元老院另推希拉克利厄斯一世之孫君士坦斯為皇。按照法律規定，元老院本有選舉皇帝的權利。君士坦斯即位後，對元老院滿懷感激之情，在一次元老院的演說中，重申了元老院的權威性，並賞賜他們許多禮物。

　　馬其頓王朝統治時代，利奧六世（Leo VI）積極擴張自己的權力，制訂了許多新法、連皇帝的敕令也具有法律效力。他的廢除各項舊法的措施中，包括了限制元老院的權力，使它的義務只在於形式上批准認可新登基的皇帝，成了有名無實的虛銜。此後元老院儘管已成了個擺設品，可在必要時，還得由它來發揮職能。一二○四年，在第四次十字軍攻占君士坦丁堡前夕，原來的亞歷克修斯五世已逃亡。在這拉丁人傾巢出動的驚濤駭浪中，不能沒有一個能勝任的舵手，使帝國能持續存在。究竟推誰為皇呢？這時就得由元老院出面。他們在聖‧索菲亞大教堂內聚會，推選拉斯卡里斯（Laskaris）家族的一位年輕人為皇，使皇位不再虛懸。雖然這個年輕人最終還是擋不住拉丁人的入侵，逃到了對岸小亞細亞，但畢竟在那裡建立了立足點，為以後的收復故土創造了條件。

市民的權力

市民（Demos）這個名稱，它起源於古希臘城邦國家（Polis），那裡的市民稱Demos，享有自治的權力。我們通常譯為「民主」的英語Democracy一詞，與Demos有關；此詞的古希臘語Demokratia，由Demos和Kratia構成，Kratia的意思是「統治」，Demokratia即「由人民統治」。拜占庭市民是指世代居住在城市內的居民，外來者（xenoi）或移民都不能說是真正的市民，因為他們不能獲得市民所享受的特權，除非城市的首腦或皇帝特許。市民有自己的組織，稱Deme。最初，市民有權選舉官吏，後來擴大到可以組織武裝力量。公元四〇〇年，哥特人發生騷動，市民們自動拿起武器，保衛自己的城市，並非出諸政府命令。到了六、七世紀，政府正式承認市民可組成城防力量。他們也有選舉皇帝的權利。皇位的繼承是從九世紀馬其頓王朝建立後才開始的，此前，至少在形式上，皇帝是由元老院、軍隊和市民三方意見一致下選舉產生的。按照法律規定，市民可表示同意或不同意。選舉的地點主要在競技場，有時也在教堂或其他公共場所。遇到重要的政治活動時，皇帝就召集他們，希望他們贊同。此外，文化活動也受到他們控制。

拜占庭皇帝為什麼賦予市民較大的權力？原因很簡單，即是要取得市民的支持。在馬其頓王朝建立以前，皇帝不是世襲，其地位並不穩固，任何人只要藉口這個皇帝是「暴君」，就可以煽動市民起來反對他的統治、因此不能不重視市民這股力量。享有盛名的綠黨和藍黨，都是由市民組成，他們的強大勢力足以左右朝政，實際上已等同於現代意義的政黨。

莫理斯皇帝（Maurice，五八二～六〇二年在位）統治末

期，福卡斯（Phocas）發動叛變。莫理斯號召市民支持他，對他忠誠，藍黨響應了，勢力最大的綠黨卻按兵不動，觀察時機。另一名將日耳曼努斯（Germanus）此時也想奪取皇位。他清楚這事的成功與否取決於市民的態度，就向綠黨領袖許諾，如果他當上皇帝，必將厚報。綠黨在莫理斯、福卡斯、日耳曼努斯三人中必須作出抉擇，最後決定支持福卡斯。莫理斯被叛軍所殺，福卡斯登上皇位。

市民還有權干涉宗教事務。例如，阿納斯泰希厄斯一世（Anastasios Ⅰ，四九一～五一八年在位）是個一性論派，得到綠黨的支持。一性論派在安提俄克教區發展最快，就因為綠黨在那裡勢力最大。藍黨則支持正教會。

一性論派有其自己的讚美詩，為拜占庭的正教派所不容。一次，阿納斯泰希厄斯一世忽然心血來潮，命令君士坦丁堡的正教教堂唱一性論派讚美詩。藍黨大怒，認為這是褻瀆神聖，群起焚燒被懷疑是一性論派的房屋，連財政大臣馬里諾斯（Marinos）的房屋也不能倖免。人們砍下了一個一性論派修士的頭顱，掛在竿上示眾，並要求選舉新的皇帝。最後，阿納斯泰希厄斯不得不屈辱地不戴皇冠，去競技場向市民作了說明，藉此平息眾怒。

市民在抵禦外敵入侵時所發揮的戰鬥能力並不遜於正規軍隊。五四〇年，波斯王庫薩和進攻安提俄克。他允許拜占庭派來的六千名警備部隊可以逃生，可市民不願投降，堅決抵抗，綠黨和藍黨並肩作戰，寧可站著死，不願跪著生，絕不屈服，表現出英勇的氣概。只是由於他們兵力單薄，安提俄克最終還是失守了。

混血兒的貢獻

　　根據拜占庭的宗教法規，嚴禁拜占庭人與阿拉伯人通婚，也禁止拜占庭人與斯拉夫人結婚（指斯拉夫人皈依東正教之前）。但希臘人與拉丁人通婚是准許的，他們所生的子女稱「伽思木勒」（Gasmules，意即混血兒）。馬可·波羅的遊記中也曾提到伽思木勒，他是指穆斯林與偶像教徒所生的子女。不過，此詞的希臘語原義是指希臘人與拉丁人所生的子女，多少有些賤視的意味。

　　此詞由兩個字構成，前一個字指蠢人，後一個字源自moulos，意思是「私生子、壞種」。這些混血兒既是兩個不同的民族所生，當然大多懂得兩種語言。他們或為譯人，或為商

・由混血兒所建構的海軍

人，甚至為突厥人服務。

拜占庭的歷史學家格里戈拉斯（Gregoras）稱這種人繼承了兩個優良傳統：從希臘人那裡學會了作戰時的謹慎風格，從拉丁人那裡承襲了大膽的氣質。

十三世紀時，邁克爾八世收復了君士坦丁堡，力圖重建海軍。他不像前人那樣，從水手中招募兵力，而是看中了混血兒。格里戈拉斯說：「皇帝建成了一支超過六十艘巨艦的龐大艦隊，人員來自混血兒和其他城鎮。這些混血兒是在希臘和拉丁的習慣下長大的，他們構成了武裝的海軍。從此，帝國艦隊根據邁克爾的指令，得以在海上航行。」此前，拜占庭對來犯的敵人一直處於守勢，有了這支強大的海軍，又控制了整個愛琴海。

拜占庭的混血兒所建構的海軍在十、十一世紀時曾稱霸一時，這時又恢復了昔日雄風。

拜占庭的起用混血兒，表明他們重視拉丁文化所培養出來的人的勇猛氣質，再加上希臘人所特有的謹慎作風，兩者兼備，就形成一支不可忽視的巨大力量。從社會原因看，儘管「伽思木勒」的原義是個蔑稱，而拜占庭是個多民族國家，異族間通婚是常見的，並沒有蔑視的必要，否則會影響民族之間的團結。

Chapter 5

改革的智慧

奴隸經濟的轉變

　　古羅馬是個典型的奴隸社會，拜占庭又是怎樣從奴隸社會過渡到封建社會的呢？如果說，在奴隸社會中，主要特徵是由一大片土地的所有者大地主、大商人和高利貸者的統治階級占有全部生產資料產品和奴隸本身，那麼這一切在拜占庭都有。作為封建社會的主要特徵是封建地主占有基本生產資料、即土地，以剝削農民或農奴的剩餘勞動力為基礎，則拜占庭也存在；可比起西歐王公貴族的大莊園制度，真是小巫見大巫了。所以有些學者說：拜占庭是個半封建社會，意思是奴隸經濟仍起了不小的作用。

　　究竟在總人口中，奴隸占多少比例才稱得上是個奴隸社會？這是個耐人尋味的問題。霍金斯在《征服者和奴隸》這本書中提出一個標準，即奴隸占總人口20％以上即可稱得上是奴隸社會。他舉出了五大奴隸社會。古代雅典奴隸占30％；公元前三十一年起，意大利本土羅馬帝國的奴隸占35％；巴西在一八五○年時，奴隸占30％；美國南方在一八六○年時，奴隸占33％；古巴在一八六一年時，奴隸占30％。他沒有將古代中國計算在內，因為他認為中國的奴隸主要從事家務勞動，並不是生產性的。

　　拜占庭的奴隸總數有多少，沒有見到統計數字。在它的早期，曾特別制訂了有關奴隸的法令，奴隸人數當不在少數，而且是繼承古羅馬的遺制，對奴隸的處分很嚴，奴隸沒有人身自由。西奧多希厄斯二世（Hheodosius II，四○八、四五○年在位）所彙編的法令中規定；主人將奴隸鞭打致死，如果是為了改正奴隸的惡行，則主人不受譴責；主人將奴隸處死，如果是為了自己的財產不受傷害，則不必去調查他是否故意殺人，因

為主人對奴隸施行的是家法，不能認為他有殺人罪；如果主人錯殺了奴隸，也不能認為他是故意殺人，除非他自己承認是故意殺人；使奴隸服從紀律，不能認作犯罪。

隨著經濟的發展，為了激發奴隸對生產的積極性，九世紀時利奧五世所頒布的法令，首先允許奴隸有處理自己財產的自由；而在以前，奴隸和奴隸的財產都屬於主人。法令說：我允准奴隸有充分權力管理自己的財產，皇帝的奴隸將是自己財產的真正主人，不論他是否生病或健康。如果他們認為自己病危，將不會被剝奪其任意處理財產的權利，他們所擁有的財產不能以處於奴隸身分為藉口而被奪取。

這項法令雖只適用於皇室，不向社會推行，按照法令說明，社會上各階層的蓄奴者仍可根據傳統習慣處理其奴隸，但事實上也起了變化。有些修士譴責修道院中的奴隸勞動，修士齊奧杜（卒於八二六年）給他學生的一封信中，強調修道院應進行改革，其中談到：「不要蓄奴，也不要使用他們為個人和修道院服務，不要強迫他們從事田間操作。他們和常人一樣，都是按上帝的影像造出來的。」在城市中出現了由奴隸經營的商店，他們成了商人，但其經營仍受到主人的監督，務使不觸犯法令。一些紡織工廠出現了奴隸身分的工人。著名的富孀黛妮利絲擁有一所絲綢工場，待她死後，被釋放的奴隸作為佃農的達三千人之多。

奴隸經濟在拜占庭並未完全消失。它由古代的奴隸社會轉變為奴隸經濟和封建剝削並存的局面。奴隸買賣仍然存在，法律中有奴隸主購買奴隸須付稅的規定。當時奴隸的用途，主要供家庭或個人使役以及從事農業和工業生產勞動，但無論如何，他們的境遇已有所改善了，特別是在一些小業主的作坊工場內，業主為了提高生產率，以便在市場上占一席之地，對待

奴隸勞動的生活條件要較國營工場好得多。隨著國家的收入越來越依靠農業，農奴和佃農的數量愈益增多。

有一位皇帝說過，「對國家來說，最根本性的是兩件事：一是農業，它餵育了士兵；另一是戰爭的技術。它保護了農民；其他一切事情都得服從於這兩條。」當然，其主要原因還在於農業稅是國家的主要收入。大量的農奴、佃農依附於地主，標誌著拜占庭最後過渡到主要是封建剝削的封建經濟，同時也產生了大批的大地主和莊園經濟。

皇帝和大地主之間也有微妙的關係：皇帝既害怕這些大地主勢力膨脹，影響到自己的存在，但又不得不依賴他們，因為農業稅是國家財政收入的重要來源。這些大地主貴族後來發展到無法無天，任意兼併土地，侵占他人財產，甚至還有自己的軍隊。皇帝不得不設法遏制他們。利奧一世曾發布敕令，嚴禁在農業社區內以購買的方式兼併土地；查士丁尼以增加農業稅的辦法限制地主的財富增長。但這些辦法都曇花一現，未幾即在地主貴族的壓力下失效。拜占庭皇帝絕不會忘記封建剝削制度是他們的命根子。

君士坦丁為什麼信教

古羅馬帝國對基督徒採取鎮壓政策，較大的有十次。他們封閉教堂，禁止聚會禮拜，焚燒聖經，甚至對教徒施加肉刑。到了君士坦丁，他突然改信基督教。據說，早在他即位之前，有一次在羅馬城外與人爭鬥：在戰爭前一天，他見到一個顯示光明的十字架，照耀空中，十字架的周圍有字稱：「賴此得勝。」次日果然作戰勝利。他相信這是基督的力量，於是改信

基督教。三一三年頒布信教自由之詔；等到三二四年，他兼任東西兩帝之後，基督教在羅馬帝國、包括拜占庭在內，得以通行無阻。

上述君士坦丁信教的原因當然是一種傳說，不可憑信。這是拜占庭史家優賽比斯（Eusebius）在《君士坦丁傳》中的說法。另一位同時代人拉克坦修斯（Lactantius）也歸因於做夢。據說，君士坦丁在夢中見到天國的記號描繪在士兵的盾牌上，於是將這一象徵基督的記號畫在士兵的盾牌上，結果取得了勝利。也許這些都是他的幻覺，又將這種幻覺告訴了別人，似乎真有其事。

事實上，君士坦丁並非虔誠的基督徒；他原本信仰希臘多神教，特別崇拜日神。他所頒行的獎章上分別鑄有朱庇特（Jupiter）、阿波羅（Apollo）、馬斯（Mars）、赫克里斯（Hercules）諸神的面像。在他的心目中，基督教的上帝只是諸神之一，或者從哲學性的觀念出發，他希望所有的教派、神名、儀式和所有民族都統一在崇拜一個宇宙創世主的範疇內，對象徵地上的天國也具有普遍意義，君主享有絕對的權威。

還有一個更重要的原因：鑑於前代羅馬皇帝之高壓政策並不能消滅基督教，君士坦丁認為不如與他們協調關係，作出信教的姿態，使教徒聽命於他，這樣就為以後的「凱撒教皇主義」奠定了基礎。凱撒代表政權，教皇代表教權，凱撒教皇主義即是國家的執政者兼理教務。

在君士坦丁時代，信仰異教的人很多，君士坦丁宣布宗教信仰自由，既為基督教開了大門，又對異教徒一視同仁。西奧多希厄斯一世（Theodosius I，三七九～三九五年在位）於三九二年宣布基督教為國教，嚴禁異教信仰。其孫西奧多希厄斯二世（四〇八～四五〇年）即位後變本加厲，對信奉異教者判

處死刑，並授與基督教教會各種政治、經濟特權。於是，先前備受壓迫的基督教教會，此時反而轉變成為壓迫者。歷史真是作弄人。

律法的改革

君士坦丁即位之初，法律以羅馬法為準繩，羅馬法以條規和法理學組成。其後法制衰落，皇帝是法律的源泉，敕令是法律的依據，所謂法規，成了帝皇意志，法官只是依敕令行事。隨著經濟的繁榮、自由市場的發展，民事糾紛日多，有新訂法典的必要，以適應時代的要求。先是西奧多希厄斯二世制訂了法典，將君士坦丁大帝以來的習慣法編入法典，並限定日益擴展的地主權力。這一法典對一些「野蠻人」的王國也產生了影響，使他們將部落的習慣納入了國家法典。查士丁尼（五二七～五六五年在位）更前進了一步，要求法律儘量簡單化，從先前的浩繁條規中解脫出來，特別是在民法中要體現平等原則（不包括奴隸、農奴在內）五二八年組成了一個十人委員會，以拜占庭大學的法律教授特里波尼諾斯（Tribonianos）為首，制訂新法。

經過一年多的討論，完成了一部有操作性的法典。然而，對先前的法律學家的意見怎麼辦？當時認為至少應保存下來，不使它散失，律法討論時也可供參考。於是他們首先整理出五十個基本問題，五三〇年又組成一個十六人委員會審議，去掉重複和相互矛盾的條規，最後編成五十卷的《法規彙編》，將早期的羅馬法保存了下來。同時，又請一些教授為學生編成一部簡單的民法手冊，供學習之用。此後，如再有新情況出現，

根據需要，以新的敕令（Novellae）頒布。此時，拜占庭的法律已大備，著名的《查士丁尼法典》包括了四個部分，即：法典、彙編、民法手冊、新敕令。

這一法典不僅是舊法的彙編，且富於創造性，將先前的羅馬法作了新的定向，以適應嶄新的世界。它還成為後來西歐各國制訂法律時的重要依據，例如，財產法。查士丁尼認為制訂這一新法是根據平等的原則，現在看來，有些條文並不是平等的。比如，一個富人犯了偽造罪，放逐即可；而窮人犯了此罪，就得去礦山，像奴隸那樣服苦股。

利奧三世（七一七～七四一年在位）時代，又頒布新的《法規選編》（Ecologa）。之所以稱為《選編》，因為它是從查士丁尼法規中摘編；之所以稱「新」，則是因若干條文作了修改，如查士丁尼法典刑法中規定應處死刑的罪名很多，而《選編》中除了叛國罪、同性戀、信仰異端（如摩尼教）、逃避兵役等應處死刑之外，其他犯行均以他罰替代。

利奧三世自訓這《選編》是「符合人道主義的」。為什麼要制訂新法？一個原因是查士丁尼法典以拉丁文書寫，應用不便；另一個原因是法制觀念日趨淡薄，地方的習慣任意作出決定，往往有悖帝國法規，所以公布新的希臘文法典有必要性，使人人能閱讀遵守。

《選編》中更新之點不少，例如：婦女在家庭中的重要性已越來越被人認識到，法律中就規定：子女的婚姻徵得母親同意，同樣有效；而查士丁尼法典中只規定父親有認可權。為了防止法官受賄枉法，法律規定法官有薪俸，嚴禁收受禮品。

利奧三世是個反聖像主義者，它的法典中限制了教會和貴族的權力。馬其頓王朝建立後，厭惡反聖像運動，自然不願見到那時制訂的法規繼續貫徹。

巴齊爾一世（八六七～八八六年在位）先是制訂了一部簡單的法典（Procheiron），共四十章，大部分是民法，主要來源是查士丁尼法典。這部法典中譴責利奧三世的法典「破壞了良好的法規，對帝國毫無用處。」在Procheiron的基礎上又制訂了更為詳盡的法典，稱Epanagogue，共四十卷。巴齊爾一世死後，利奧六世（八八六～九一二年）再予增補，編成六十卷的《帝國法典》（Basilica）。

　　這些法典通稱為「馬其頓法典」。其主要目標是恢復封建貴族的權力，農奴的再合法化，原來查士丁尼法典中有關地方總督不得在其管區內取得土地、財產的規定也被削弱了，教會的地位也有所提高。這些條規制訂的目的在於使皇室、大地主、教會（他們也是地主）結成聯盟，共同對付具有極大威脅力量的軍事貴族，務使帝國建立在大地主有支配權的基礎上。這一法典可說是為拜占庭進入封建社會掃除了障礙。同時，法典中還有關於奴隸買賣的專門條款，買主和賣主都不得有欺騙行為，說明當時的奴隸仍是一種商品。

對証人和法官的規定

　　現代國家審理案件時，都重視証人的重要性。東西方古代法律曾經有一個祕密時期，法律知識及判斷爭訟的原理都為少數特權階級所獨占。

　　我國古代也是由貴族隨事議斷，所謂：「不為一成之刑，著於鼎也。」一直到春秋之世，鄭、晉、魏等國次第頒定刑書，法律才由祕密而公開。法律既公開，取証自屬重要，物証、人証不可或缺，唐律中已提到：占二人以上眾証定罪。」

拜占庭法律大備後，鑑於對証人一項尚規定得不具體，十四世紀時有一位法律學家哈門諾普羅斯（Harmenopoulos）編定一本手冊（Hexabiblos），詳細規定了証人的資格及其行為。它沒有經官方認可，只是私人的意見，實際上是法官審理案件時的重要參考。

手冊中規定：涉及到債務案件之事，應有五個以上的証人，証明債務行為發生時他們在場。所以要五個以上的証人，可能是為了防止一、二人作証會發生偏袒。証人作証如果相互矛盾，法官接受最有資格作証之人的証詞，而可疑的証人証詞將受譴責並認定有罪，就是偽証罪。這體現了拜占庭法律在這方面的先進性。關於刑法案件，對証人的要求十分嚴格，不僅是他們的証詞須絕對可靠，而且証人必須被証明具有良好的習慣和向來受人尊敬，這樣各証人的証詞不會相互矛盾；更重要的，証人既品行端正，就不會在作証時受到對方攻擊。只有証人的資格不被懷疑時，才能出庭作証。法官可以決定，是否讓他作一般性的發言或是正式作証。如果証人的發言確實可信，具體答覆了所提出的問題，可作為正式証詞。

在刑事案件中，人証較物証更為重要，因為人証可以回答法官所提出的問題。這一點與羅馬法顯著不同，羅馬法是物証重於人証。

手冊上還有些關於証人資格的規定，反映出封建社會的貴賤有別、重男輕女等社會不平等的特徵。演員、窮人不能成為証人；婦女只有在丈夫沒有資格作証的情況下才能出庭出証；猶太人不能在涉及正教徒案件中作証，只有屬於猶太人的案件可作為証人；雇工在任何情況下為雇主作証都不能接受，因為他們之間的關係特殊。此外，考慮到道德因素，慣於中傷他人者、與人通姦者、阿諛奉承者和盜賊均不能作証。最為奇特的

是限定教士只能在有關教務事項時方可作為証人；這也許是由於不讓教會干涉世俗事務。

証人既重要，法官如何作出公正的判決又是一個問題。為了不使法官貪贓枉法，徇私容情，十四世紀時又作出了法官就職必須宣誓的規定。這一司法改革是由安德魯尼柯斯三世（Andronicus Ⅲ，一三二八～一三四一年在位）以敕令的形式頒布的。敕令中規定，大法官的誓言是：我遵循公正的法律，不畏強權，不卑躬屈膝，不與任何人為敵為友，也不出於同情或悲傷，一切以法律為準繩。我應忠於職守，不容怠忽。為了免除腐敗行為，任何試圖對我施加影響者必予逐出，不論其為親屬或友人。我不追求個人利益。如我不信守諾言，則靈魂有罪，不能再擔任此職。

當時的最高法院共有四位大法官，神職人員和平民各居其半。安德魯尼柯斯於一三二九年公布了這項敕令後，原期望有了神職人員在內，司法改革得以順利實現；遺憾的是，不久四位大法官中就有三人因受賄而被判罪流放，其中當然至少有一人是神職人員。史籍中沒有明文記載以後替補的三名大法官情況怎樣，不過中央政府的大法官已喪失了威信，有很多地區自行建立了最高法庭。無論如何，法官就職的宣誓儀式是拜占庭司法改革的一項舉措，至少使法官在一定程度上受到誓言的約束，不敢公然為所欲為。

對性犯罪的處置

羅馬帝國衰亡的一個重要原因是民風淫蕩。「前車之覆，後車之鑑。」拜占庭立法特設「性犯罪」一章。利奧三世在七

二六年頒布的《法規選編》中廢除了死刑，代之以鞭刑、剜目、割舌、宮刑等。關於性犯罪，有如下規定：已婚者犯通姦，鞭打十二下，並須罰款；未婚者相互私通，鞭打六下；任何人試圖與修女發生肉慾關係，應受裂鼻處分，修女在現場應逃跑，否則受同樣處分；任何男子試圖與已受洗禮的女子結婚時，在未結婚前即發生性關係則有罪，雙方都應裂鼻；丈夫同意其妻與人通姦者，受鞭刑並放逐；通姦者裂鼻；凡亂倫者，不論是雙親與子女，兄弟與姊妹，都應受劍刑（即死刑）；父親與兒媳，繼母與繼子通姦，或叔嫂通姦，叔侄通姦，姑侄通姦，都應裂鼻；犯強姦罪者處劍刑，如年在十二歲以下，且是被動者，可赦免；犯同性戀者處宮刑。

其中最令人困擾的是同性戀問題。拜占庭有許多閹人（多數是自願的），閹人中有當宦官者，深得皇帝寵愛。歷史記載，這些閹人不僅常能滿足女主人的慾望，而且博得男主人的歡心；特別是變童，常作為好男色者的寵物。他們又不時在劇場演出下流舞蹈，敗壞風氣，莫此為甚。然而法律認為他們已無生育能力，要按同性戀罪治他們，也無法再施宮刑。

裂鼻這個刑罰很特別，只是撕裂鼻子，與我國古代五刑之一中割鼻的劓刑有所區別。拜占庭皇帝查士丁尼二世有個雅號稱「裂了鼻的」，人們弄不清楚他究竟是怎樣裂了鼻的。

抑富扶貧的理財家

世界上任何一個國家都認為稅收政策是個棘手的問題，收多了加重人民負擔，少收了也許是個「仁政」，但國庫入不敷出，就影響到各項事業的發展。在拜占庭，軍備費用是項龐大

支出，財政大臣的首要任務是如何支付抵禦外敵所需的軍餉和裝備費用。他們招募傭兵的代價是高昂的，戰事失利還不得不付賠款求和。大量發行金、銀、銅幣是個辦法，其後果是金銀存量下降，金幣、銀幣的含金、含銀成色不斷減少，造成貨幣貶值。稅收是國家收入的主要來源，拜占庭社會的貧富差異很大，農民已不堪負擔，只能在富人身上打主意。

阿納斯泰希厄斯一世（Anastasius Ⅰ，四九一～五一八年在位）是個理財家，即位之初，進行貨幣改革，發行新銅幣，替代老銅幣，並改變了金幣（nomisma）、銀幣（denarius）和銅幣（follis）的換算比例，使拜占庭的貨幣趨於穩定。

五〇七年廢除了君士坦丁時代所頒布的稅收法。原來規定，帝國內不論何種行業人員，包括僕人、乞丐和妓女在內，都須交納金幣或銀幣作為稅款，甚至連農民有多少工具和牲畜，也須納稅。這無異是加重貧民的負擔，有失公正，弄得窮人怨聲載道。阿納斯泰希厄斯一世的法令規定，所有的手藝人都免稅。據當時記載，此令公布後，整個城市雀躍歡呼，慶宴達一星期之久。但這一措施對窮人雖有利，對富人則沒什麼好處。

奈塞弗勒斯一世（Nicephorus Ⅰ，八〇二～八一一年在位）在八一〇年進行了新的財政改革。這一舉措主要針對富有者為目標。首先，他取消了教會和修院的免稅特權。那時的教會和修院都是大地主，積聚了無數財富，他沒收了財富最多的教會產業，對於各地富有者有逃稅行為的，處罰很嚴，特別是那些暴發戶；蓄有家奴者也須付稅，按家奴人數計算；嚴禁貸款取息（國家貸款要取息）；船主須按官價購買政府所沒收的土地，並須向政府借款，年息 6.6％；下令藩鎮軍隊駐紮在教會和修院內，對待主教和教士如同對奴隸一樣，可沒收他們的

金銀。對一般平民則徵收家庭稅（即以前的人丁稅）。

奈塞弗勒斯一世此舉在防止財富積聚在少數人手中；同時表明，皇權高於教權，政府可隨時採取措施，對付教會。他對富有者的打擊是不遺餘力的。相傳有這樣一則故事：有一個燭商是暴發戶。皇帝叫他前來，令他將手按在皇帝頭上發誓，自己究竟有多少金幣。那人戰戰兢兢，答稱有九百鎊金幣（一鎊等於七十二枚金幣）。皇帝命令他在一小時內將金幣帶來，然後說：「請與我共餐，你可拿回一百枚金幣。夠了嗎？」這樣，接近99％的金幣就被沒收了。這位富商的財產不是個小數目，我們換算一下，九百鎊金幣等於六萬四千八百枚金幣，而拜占庭因戰敗每年付給阿拉伯人作為賠款的才三萬枚金幣。

奈塞弗勒斯的政策自然會引起不少人的不滿。歷史學家修士齊奧芬納斯列舉了他的十大罪狀，造成了嚴重後果。例如僕人，會因此告發他的主人而獲得獎金。說他是個暴君，迫使大批人不得不放棄財產，移居到斯拉夫人的地域；有些人對著祖墳，為死者感到高興。教會人士說他迫害宗教，甚至到教皇那裡告狀。奈塞弗勒斯毫不動搖，堅持這些措施。到了十一世紀後，有些皇帝為了取得教會和地主的支持，又宣布免除他們納稅的義務。

奈塞弗勒斯在即位之前，已對貧苦的農民深表同情。在君士坦丁六世逝世之後，他發表了著名的演說，內稱：受壓迫的農民一年辛勤所得果子只值一枚金幣，倔強的農民只能在樹木上被吊死。我本人是這樣執行死刑時的見證。

從歷史上來看，一些改革政策的出台，總會受到一些人贊同和另一些人非議，關鍵在於是否對國家和廣大人民有利。拜占庭貧富差異懸殊，為了社會穩定，抑富濟貧確有必要。雖然在階級社會中，此項政策必然不能保持長久，但無論如何，它

在一定時期中對社會經濟的發展起了促進作用。

幾位攝政的女強人

在中世紀封建社會中，還沒有哪個歐洲國家能像拜占庭那樣，出現過眾多的女皇攝政。女性掌權，除了憑個人的才智外，社會並不特別輕視女性也是一個因素。拜占庭法律雖然限制女性在法庭作証，理由是她在大庭廣眾出現將玷污其名聲。可是法律也有保障妻子權利的條文：夫婦結婚後，丈夫仍應尊重並保障妻子陪嫁的財產。妻子早逝，丈夫只能獲得其妻子財產的四分之一，其餘則根據妻子的遺願分配。如果丈夫早逝而有子女，妻子以母親的身分，得照管所有丈夫的財產並成為一家之主，不像其他國家那樣，長子獲得繼承權。以後稍作修改，規定子女達到「懂事的年齡」時（男二十歲，女十八歲），可繼承一部分遺產。

丈夫死後，妻子是一家之主的習慣也見於宮廷。亞歷克修斯一世的女兒安娜・康姆尼納（Anna Comnena）在《亞歷克修斯記》一書中，記載了她的祖母安娜・坦拉仙娜（Anna Delasena）參政的一些事例。她說，我的父親去境外作戰時，就委託祖母全權管理國內事務，包括選用文官、徵集國庫收入、財政支付等。有人讀到本文，或許會責備我的父親怎會將國家大事交付一個女人去管理。但如他熟悉這位女人的素質，她的德行和才能如此偉大，她的毅力如此堅強，就不會抱怨而將轉為讚賞。我祖母的機智足以處理國家事務和管理政府。她知道哪些事情一開始就會得到什麼結果，哪些行為有毀滅性，哪些行事寧可更仁慈些。可以說，當我父親取得政權，忙於戰

爭時，對其他事務就委託祖母作為統治者，似乎他是她的僕人，他無論做什麼、說什麼，都聽從於她，祖母反對什麼、贊成什麼，父親就依著如此這般去做。他好像是這位權威性女人的工具，不是個皇帝。

另有三位足智多謀的女后，在拜占庭歷史上起過重要的作用，她們是艾琳、齊奧杜拉、佐伊（Zoe）。拜占庭有許多女后名艾琳，這裡指的是利奧四世（七七五～七八〇年在位）之妻。利奧死後，由她與其子君士坦丁六世共同執政，時君士坦丁尚未滿十歲，實際上是艾琳執政。這位雅典出生的希臘女子意志堅強，政治慾濃厚，渴望權力，特別堅持聖像崇拜。攝政之初，即粉碎了反聖像派推翻她的圖謀，從而鞏固了自己的地位。七八一年西征，將西西里叛軍司令逐出。為了恢復聖像崇拜，她專注於在國內對付反聖像派，不惜因戰役失敗而向阿拉伯人納貢，以求得外事安寧；同時又將擁護反聖像運動的軍隊調出首都，托詞對付阿拉伯人，另從色雷斯調入信仰聖像的軍隊。公元七八七年，在她召集的宗教會議上，決議恢復聖像崇拜。她的兒子君士坦丁成年後，意欲實握政權，但志大才疏，犯了一連串錯誤。七九七年，艾琳弄瞎了兒子的眼睛，將他廢黜，從此拜占庭歷史上出現了第一個女子單獨執政的局面。她犧牲兒子而滿足個人的政治慾望，自然遭到社會上的非議。為了博得群眾對她的支持，陸續出台了許多「仁政」，如慷慨贈送禮物，豁免首都居民應付的市政稅，降低進出口關稅等等。她以美貌著稱於世，法蘭克國王查理曼即位為羅馬皇帝後，曾欲娶她為后。當查理曼和教皇利奧的使節抵達拜占庭，準備簽訂完婚契約時，那裡發生了一場宮廷革命，艾琳被廢黜，流放到一個島上，八〇三年死於該島。

齊奧杜拉和佐伊都是常見的名字，這裡指的是君士坦丁八

· 佐伊女皇

世（一○二五～一○二八年在位）的女兒。她們是姊妹倆，但
並不相和，兩人又都曾嫁給同一個皇帝，共為皇后。佐伊死於
一○五○年，丈夫君士坦丁九世死於一○五五年，他死時沒有
留下遺言，指定誰可繼位，齊奧杜拉取得了宮廷衛隊的支持，
迅速取得政權，成為又一個女皇。在她統治期間，拜占庭這個
多災多難的國家保持了十九個月的和平狀態。史籍稱她聰明、
精力充沛，且頗得眾望。她卒於一○五六年。

　　佐伊是個傳奇性人物，美貌異常，足智多謀，性格潑辣，
結婚多次，索菲亞大教堂中有她的鑲嵌畫像。她富於野心，易
於輕信上當，醉心占卜。她的第一個丈夫是羅梅納斯（後來即
位稱羅梅納斯三世）。當時教會反對，因為羅梅納斯已有妻

子。但這並不成為障礙，先將妻子送入女修院就是了。第二個丈夫是邁克爾四世，第三個是君士坦丁九世。羅梅納斯三世限制佐伊的揮霍無度，引起她的不滿，急欲取而代之，就與出身微賤的邁克爾結成死黨。一○三四年羅梅納斯逝世，她原欲自立為女皇，因公眾反對，就以邁克爾為帝，稱邁克爾四世，並與他結了婚。史家稱邁克爾四世的品質不壞，善於理政，可是體弱多病。他自動讓出帝位，隱居到修院中去，死於一○四一年。根據傳統，佐伊成了掌握實權的母后。她立邁克爾的侄子為邁克爾五世，實際受她控制。這位年輕的皇帝統治了僅幾個月，據說就被佐伊毒殺了。她又開始在宮廷圈子內尋找第三個丈夫，選中了門第高貴的君士坦丁·莫諾馬庫斯。這位年已六十的老年皇太后就與他結婚，立他為君士坦丁九世，並與他共治朝政。佐伊死於一○五○年。佐伊為皇位的繼承問題，在拜占庭歷史上開了個先例，即她利用寡孀的身分與誰再婚，誰就可繼承為皇。歷史家普賽洛斯曾詳盡記載了佐伊立邁克爾四世的情景：「她急忙示知邁克爾前來，為他穿上繡以金絲的紅袍，並將皇冠戴在他的頭上；自己也穿著同樣的袍服坐在其旁，然後進行登基儀式。」

夫死妻子掌權的宮內外傳統，意味著拜占庭婦女地位有一定程度的提高。女后攝政的事例不絕於書，如西奧菲勒斯死後，其妻齊奧杜拉（不是君士坦丁九世之后齊奧杜拉）即行攝政。她的丈夫是反聖像派，她執政後恢復了聖像崇拜。

拜占庭歷史上持續不斷地出現女皇攝政的現象，說明婦女地位有了顯著的提高。如果我們注意到拜占庭的鑲嵌畫和雕刻，就會發現皇帝和皇后是並列的，無高低之分。例如，君士坦丁及女后福絲泰（Fausta）的雕像（現藏德國特里爾的圖書館）、聖索菲亞大教堂中的君士坦丁與女后佐伊的鑲嵌畫。與

此相反，現所保存的一幅九世紀時的法國國王胖子查理二世的畫像上，他又高又大，坐在中間，王后理查廸絲（Richardis）立在他的左面，形象矮小，與國王差距太大。還有一幅十一世紀的德國國王亨利三世的肖像，王后阿格尼絲（Agnes）在旁低著頭，要矮出一截。

窮人鬧革命——熱忱派運動

十四世紀的拜占庭社會存在三個階級：其一是貴族上層、神職人員和大地主；其二是中產階級，包括貿易商人、工匠中的上層、自由職業者和小地主；其三是貧民、小生產者、農民、小工匠、水手等。

當時的社會財富分配不均，差異很大，貧者愈貧，富者愈富。中央政府已失勢，由貴族和大商人控制了國家，教會所屬的修院則擁有大量財產，包括商店、農場、果園等。公元一三四二年，在薩洛尼卡、亞得里亞堡等城市都發生了暴動，貧民將貴族投入監獄，沒收了他們的財產。

當時聲勢最為浩大的是薩洛尼卡所發生的熱忱派（Zealots）運動。他們的目標很清楚，是為爭取窮人的生存權利而鬥爭，宣布貴族是人民最危險的敵人。他們沒收了貴族和修院的財產，將它分配給城鄉的貧民。於是在薩洛尼卡出現了兩種行政機構：一是由君士坦丁堡任命的總督體制；另一是熱忱派領導人的管理機構。後者的影響遠甚於前者。他們依照自己的律法行事，實際上是獨立的。

他們從一三三九年熱那亞所發生的一場商人革命中得到了啟發。那裡的商人因對貴族政權課他們遺稅強烈不滿，從而發動了

一場革命，將貴族政權推翻並限制了教士的權利，建立起共和國，從此貿易和工業有了顯著的發展。熱忱派仿效熱那亞的道路，在薩洛尼卡建立了共和國達五年多時間。然而，這個共和國一開始就是不穩固的，因為如前所說，有兩種管理體制並存，皇帝雖然厭惡封建貴族，但也並不喜歡有一個民主管理的城市。

這時，代表中央政權一方的約翰·阿普卡柯斯（John Apokaukos）與一些殘餘的貴族勾結起來，謀殺了熱忱派的領袖，其餘的熱忱派群眾不是被投入獄，就是被驅逐出境。

陰謀得逞後，阿普卡柯斯從後台公開走到前台，召集富人聚會，希望他們同意將該城交還給原來的該城統治者康塔古津（Kantakouzenos）。這個康塔古津曾因欲篡奪皇位而發動內戰，與約翰五世對抗。他以貴族為後盾，無疑成了貧民的死敵。所以阿普卡柯斯召集會議所作出的決定首先遭到水手行會的反對，他們從監獄中釋放所有的熱忱派信徒，組織起來抵抗這種叛賣行為，並爭取到了衛戍部隊的支持。結果包括阿普卡柯斯在內的近百名貴族被殺，其餘貴族也被逐出，於是薩洛尼卡又回到熱忱派手中。

富人的財產和教會的收入都被沒收，用以支持民兵，重建半毀的要塞和幫助窮人。新的當權者宣布，人民的利益是最高法則；根據人民的需要，法律不適應現實情況時可隨時修改。

康塔古津對約翰五世的內戰取得了勝利，一三四六年加冕為拜占庭皇帝，稱約翰六世。他的勝利使薩洛尼卡的熱忱派再次遭到厄運。在他的支持之下，貴族再度掌權，將水手行會和熱忱派領袖的屋子洗劫一空，並將他們投獄或放逐，熱忱派運動遂告失敗。然而，他們所建立的共和政體雖然不過短短數年（一三四二～一三四九年），而這一場由貧民推動的革命則確實震撼了整個拜占庭世界，亞得里亞堡、君士坦丁堡等城市平

民都紛紛響應，或是殺官員，或是沒收貴族財產。他們知道自己不幸的命運不能依靠主子的更換而改變，必須以自己的力量來選擇自由的生活方式。

具有諷刺意味的是，查士丁尼皇帝所欽定的《帝國法規》規定皇帝的權力是人民授予的，從理論上說，人民可收回這一權力，但事實上無人冀望有這種可能性，倒是熱忱派將它付諸實踐了。

在此之前，帝國內部也曾發生過數次平民起義，但並沒有建立自己的政權，只是希望生存條件有所改善。如一一八〇年的起義，群眾洗劫了監督官的官邸，襲擊了許多富人住宅，特別是把矛頭指向那些巧取豪奪的威尼斯商人。這些行動只是曇花一現，未幾即凋敗結束。

教會的獨立自主

最初，基督教中心在羅馬，羅馬教會管轄君士坦丁堡、安提俄克、耶路撒冷三個教區。君士坦丁遷都拜占庭後，政治重心移到帝國東部，教皇一心要以教權控制君權，這是拜占庭帝國所不能容忍的，它的要求恰恰與羅馬教廷相反，要以君權控制教權，因此扶植君士坦丁堡教區成為一個獨立的普世教會，與另一個普世教會相對抗，不受羅馬教廷節制。教會的獨立自主意味著教皇再也無權對拜占庭發號施令，這便是東西教會分裂的根本原因。

羅馬教會自視為整個基督教教會的領袖，所謂的根據有二：其一，當時羅馬帝國的首都在羅馬；其二，羅馬教會是聖彼得所建立的。其根據本極脆弱，遷都拜占庭後，第一條理由

就不存在了，第二條理由也僅是傳說或曲解《聖經》而已。

　　但羅馬教會偏欲擴權，不僅要有管理全體教會的權力，而且插手到世俗事務。公元七五四年，教皇斯蒂芬二世到高盧，給丕平三世施加油禮，承認他是法蘭克國王。此事象徵教皇有廢立君主之權。作為回報，丕平將攻占的意大利拉凡那地區送給教皇（此地區從法律上說，屬於拜占庭），於是教皇又成了國王。教皇自稱為「上帝奴僕的奴僕」（Servus Servorum Dei），而他的行徑卻與上帝的旨意相差甚遠。

　　在巴羅尼奧（Baronio）的《教會年鑑》中有這樣的記載：教皇塞吉厄思三世（九〇四年即位）以後，開始延續了近五十年之久的所謂「淫婦時期」，「連天使都害怕的彼得的御座上，高踞在上的不是教皇，而是那些荒淫無恥的娼妓安置在那裡的真正的惡魔。」還有記載說：薛爾威斯特二世（Silvester II，九九九年即位）之後，「盜賊一個接一個登上了聖彼得的御座。」本篤九世（Benedict IX）是靠雇傭來的強盜支持他的教皇位置的。如此教廷，怎能使文化上遠較他們優越的拜占庭屈從。

　　拜占庭教會為了脫離羅馬的羈絆，首先得向神學發起攻擊，將羅馬教會判為異端。公元三二五年在尼西亞公會議上制定的信經及三八一年在君士坦丁堡公會議改訂的信經，都明確說明聖靈是從聖父出來的，但是羅馬教會於五八九年在「父」下面加了個「子」，成了聖靈是從「父子」出來的。

　　拜占庭牧首（神職的最高權利者）福修斯於八六七年，在君士坦丁堡召開會議，公開宣布羅馬教皇是異端，說他偏離了教義。福修斯責問教皇：「福音書中哪一篇說過聖靈來自聖子？哪一次公教會議通過這種誹謗性的決議？」

　　此外，在教義上還有許多爭執。如羅馬教會認為：各種聖

品人均須童身，不能結婚；拜占庭堅持自己的主張；除了牧首之外，其他教士均可結婚。對於聖餐，拜占庭教會用酵餅，羅馬用無酵餅；拜占庭偏重領聖餐時人與基督發生微妙的聯合，羅馬著重主教代信徒奉獻時，人即能蒙上帝悅納。這些枝節問題無非是拜占庭脫離羅馬教會的藉口。

使東西教會徹底決裂的最直接因素是一○五四年所發生的事情。南意大利教區原歸拜占庭管轄，此時教皇聯合諾曼人和日耳曼人，把希臘人從南意大利排擠出去，教皇利奧九世在西西里任命了自己的大主教。這威脅著拜占庭的地位，使其面臨失去整個教區的危險，自然會激起拜占庭的激烈抗爭。一○五四年，教皇派樞機主教亨伯特率領使節抵達君士坦丁堡，發布教皇通諭，革除牧首邁克爾及其一伙人的教籍。邁克爾同樣召集了一次宗教會議，宣布將教皇使節革出教派。

從此，雙方徹底決裂達九百多年之久。直到一九六五年，才由羅馬教皇保羅六世和君士坦丁堡牧首阿斯納戈斯一世相互取消了兩個教會之間的絕罰。

拜占庭教會的獨立自主究竟到了怎樣的程度呢？跟隨第二次十字軍（一一四七年）去君士坦丁堡的一名法國教士奧杜（Odo）作出生動的描繪：「如果我們的教士在希臘人聖壇上作了彌撒，後去的希臘人必將聖壇洗淨，似乎它已玷污了。我們的人與他們結婚，即使我們已受過洗禮，還得在那裡再受洗一次。」

教士的婚姻問題

公元六九二年，查士丁尼二世在特魯勒斯（Trullos）皇宮

大廳內召開一次宗教會議，參加者有東方教會的一六五名主教。會議的名稱很特別，稱作「第六十五次會議」。召開這次會議的目的在於制訂拜占庭教會自身的儀式和教義，以示與羅馬教會對抗，不按照傳統的天主教方式行事，保持本教會的獨立性。

會議上共訂出一〇二條規定，其中最突出的一條是允許教士結婚，這與羅馬教會的傳統背道而馳。羅馬教會規定主教、長老、執事均須童身；拜占庭教會除了大主教（牧首）須童身，自此以下的教士均可結婚。拜占庭教會之所以作此規定，是為了使教士的生活更易於與一般信徒接近，而且承認結婚生活也是人類的自然需要。

規定中還作了補充說明。如第三條，禁止教士再婚；信徒受洗後，如果與寡婦、妓女、奴隸、女演員結婚，則不能擔任神職的工作。

教士可以結婚，在兩個教會之間引起軒然大波，更加深了鴻溝，以後為此問題，雙方一直爭論不休，相互譏諷。一〇五四年，高傲的羅馬教廷樞機主教亨伯特（Humbert）率團抵達君士坦丁堡，試圖與拜占庭結盟，反對諾曼人。但他發現索菲亞大教堂是個「異端之窟」，遂作出將君士坦丁堡大主教邁克爾逐出教門的決定。由此可以看出東西教會在教義和習慣上的巨大差異。

邁克爾的罪名是：在聖壇上為教士舉行婚禮；拒絕行經期的婦女領聖餐；禁止異教徒受洗；教士留髮存鬚（羅馬教會絕不允許。唐代來我國的景教徒也是存鬚的）；稱拉丁教會是阿齊瑪人（Azymites，Azyma指無酵餅，羅馬教會領聖餐時使用，拜占庭認為無酵餅是猶太人的習慣）。

對於亨伯特的指控，邁克爾的支持者均一一予以駁斥，引

經據典，說明拜占庭教會的習慣並無謬誤。關於教士結婚的問題，他們說：創世主以適當的方式創造了女人，就是為了不讓男人獨身；下級教士不必禁慾，他們結婚是本能的需要。神職人員（指教士）的婚姻關係不應解體，也不能剝奪他們與妻子享有性生活的權利。如果有誰敢於違背使徒教誨，剝奪教士與妻子的合法關係，他應該被逐出教門。

十三世紀時流傳著一本拜占庭教士和羅馬教會一位主教對話的小冊子，雙方辯護自己的觀點，針鋒相對，毫不容情。拜占庭的教士對教士可以結婚的理由作了如下的說明：「基督承認肉體的弱點，所以安排童男娶童女。他們之所以被稱為童貞，是因為首次結婚稱作童貞婚。教會認為童貞婚是寶貴的，上帝將他們結合在一起，不讓有人被遺忘。教會既是地上的天國，它就不該禁止教士娶妻，而你們的教士卻不結婚。已然後話鋒一轉：「你們不結婚卻有姘婦，你們的教士差僕人將她帶來，熄滅了蠟燭，終夜混在一起。然後出來向幹著同樣事的教士懺悔，乞求寬恕，說是靈魂受污。他接受寬恕後，就進入教堂去作禮拜了。」其諷刺的辛辣並不亞於後來《十日談》中的故事。

羅馬教廷一心希望將拜占庭教會置於自己的控制之下，認為最好的辦法莫過於使他們拉丁化，而不是希臘化。許多人出了一些異想天開的主意。例如，十四世紀時有個多明我會教士威廉，建議每個希臘家庭選送一名子女到西方，在拉丁人的風俗和信仰中接受教育。更荒唐的是有個法國人比埃·杜鮑伊（Pierre Dubois）在一三〇八年寫了篇《恢復神聖世界》，建議將漂亮而有才能的拉丁女子送至拜占庭，與教士完婚。這樣，她們可以按照羅馬教會的方式，對其丈夫和子女進行教育，使他們接受羅馬人的信仰，並按拉丁習俗行事。

離經叛道的教派

　　一個上帝、一個帝國、一種宗教，這是正統的拜占庭政治思想的柱石。公元三八〇年的查士丁尼法典中明確無誤地規定：「誰接受聲名狼藉的異端教義，他必定是發瘋了，他們的聚會地點不能稱作教會，他們將首先受到神的懲罰，其次要受我們的報復，按照神的意志執行。」他認為，任何稍微偏離教義的觀點都屬異端。實際上，從正統的天主教會看來，東方教會也未必說得上很正統，更何況有些傳統教義本身就有模糊或矛盾之處。有了歧義，就有不同的教派，儘管他們都自稱是基督徒或根據聖經行事。這些教派的出現也象徵著當時社會構成的多樣化文化背景。

　　拜占庭是個多民族國家，不同民族的文化觀必然滲入神學領域，帝皇要獨尊一家而罷黜諸子百家，但有時連他們自己也捲入了「異端」之中，例如，君士坦丁二世（三三七～三六一年在位）和維倫茲（三六四～三七八年在位）支持阿里烏派，阿納斯泰希厄斯（七一三～七一五年在位）站在一性派這邊；八、九世紀有許多皇帝都是「反聖像派」。實際上，有些教派之所以被稱為「異端」，只因為他們在鬥爭中失敗了；如果取得勝利，就默認它是正統教會的一部分。而且在拜占庭被認作異端的，到了別國不一定是異端；例如，景教不容於拜占庭，在波斯和中國卻受到歡迎。

　　阿里烏派的創始人是阿里烏斯（Arius，二五六～三三六年），原是亞歷山大教會的長老。當時希臘哲學在亞歷山大非常盛行，他本人屬亞里斯多德學派，亦即逍遙學派。

　　他懷疑基督具有神性，否定「聖父、聖子本體同一說（Homoousia）」，聖子不是流出的，是受造之物，自「無」

到「有」，其名級低於聖父，在禮拜儀式中不妨稱他上帝，實際上他不是上帝。這就是從根本上否定了「三位一體」的說法。支持阿里烏斯觀點的大有人在，不僅限於亞歷山大，敘利亞和小亞細亞的許多主教也都同情他，其中就有著名的史學家優西比烏斯主教（Eusebius）。

保守派自然反對他。這激起了一場大辯論，參加者不僅是知識分子的精英，也在街頭巷尾成為熱門話題。有一位格列高里記下了當時平民熱情討論的情景：「人們到處在討論這一難以解決的事情，無論在陋屋、街巷、大街、廣場、商店，甚或十字路口。我購物時間需款多少，回答是：怎樣來區別受造與非受造；我問麵包的價格，答稱：聖父較聖子偉大；我要僕人替我準備洗澡水，他說：聖子是從『無』到『有』。」

君士坦丁為了調和雙方的爭端，於尼西亞召開了第一次普世教會會議（三二五年）。討論的結果，阿里烏派受挫，阿里烏斯本人也受到撤職處分。會議訂立了《尼西亞信經》，內稱：耶穌基督是由父的本質所生，是從神出來的神，從光出來的光，從真神出來的真神，是受生而非受造，與父同質。尼西亞會議並非辯論的終結，此後約繼續爭辯達五十年之久，直到三八一年，在君士坦丁堡召開第二次普世教會會議，重訂《尼西亞信經》，阿利烏派徹底失敗，鬥爭才告結束。

基督一性論派（Monophysites），領導人是優迪克（Eutyches，三七八～四五四年）。《尼西亞信經》強調聖父與聖子同質，而耶穌又具有神、人兩性，他的神性與人性的關係如何？聶斯脫里派認為基督的神人二性各皆完備，並立不混，因此被視作異端；一性派取得勝利，被認作正統。

但此派又走得過遠，發展成基督一性論派，認為基督的神人二性雖妙合為一，但基督的人性已淹沒於其神性之中。因

此，「正統」又成了「異端」。

四五一年的卡爾西頓（Chalcedon）會議，譴責耶穌基督只有神性、沒有人性的說法，基督是「道成肉身」。一性論派被視作異端，受到迫害，逃至國外，建立據點，直至現在，尚存的有敘利亞一性論教會、亞美尼亞一性論教會，以及埃及和衣索匹亞的科普特（Copt）教會。在敘利亞的又稱雅各（Jacob）教會，得名來自埃得薩主教雅各·巴達奧斯（Jacob Bardaios）。

這樣，一性論派已不是正教內的教派，成為具有強烈民族主義傾向、與正統教會對抗的獨立教會，特別是在埃及，曾屢次掀起反拜占庭教會的風暴，中央政府顯得束手無策，執政者各行其事。阿納斯泰希厄斯公開贊成一性論派；查士丁一世殘殺他們；查士丁尼忽而談判、忽而迫害；查士丁二世則試圖與之和解。這些分離教派的群眾基礎主要是貧民。

分離主義傾向最嚴重的是保羅派（Paulician）。此派在七世紀時一度盛行於敘利亞和亞美尼亞。他們信奉「善惡二元論」，不接受基督「道成肉身」的教義，反對崇拜聖母，又認為《舊約》是欺世之作。他們的經典是《四福音書》、《使徒行傳》、《雅各書》和保羅及約翰的書信，排斥彼得。他們聲稱只有自己才是真正的基督教，是繼承了保羅的精神。他們反對修院制度，認為人人都能成為教士。他們的二元論教義適應農民階層的需要。在農民看來，現世的惡是政府所造成，所以百姓飽受痛苦；而將來必定有個善的世界。所以，在亞美尼亞，保羅派被稱為「貧窮的保羅的信徒」。保羅派領導人努力使鄉村社區建成「使徒的民主社會」，在社區內人人權利平等。這自然是拜占庭政府所不能接受的，先是在六八七年，將其領導人君士坦丁處死，六九○年，又將另一個領導人堤切柯

斯（Tychikos，又名塞拉喬斯）處死。

後來女皇西奧多勒（邁克爾三世統治時期攝政）在八四二年屠殺了近萬名教徒。最後在八七二年，保羅派的據點全被拜占庭軍隊占領。從此保羅派消失在歷史舞台上，一場震撼帝國東部的農民反封建鬥爭宣告失敗。

這些異端的產生具有不同的文化背景和深刻的社會原因。阿里烏斯本人原屬亞里斯多德學派，這個學派繼承和發展了亞里斯多德的唯物主義思想。同時，他又受到三世紀時亞歷山大教區神學家奧利金的影響。奧利金認為基督是受造之物，子低於父，不存在三位一體。阿里烏斯是亞歷山大教會的長老，這個教區有悠久的歷史，文化發達，是精英薈萃之地，其勢力堪與君士坦丁堡教區匹敵，因此君士坦丁堡蓄意打擊它。另一方面，阿里烏派反對教會佔有財富和大量地產，得到下層群眾的擁護。這也是正統教會所不能容忍的。

基督一性論派盛行於埃及和衣索匹亞。從表面看來，它與正統教會的矛盾只是神學上的論爭，實質上是代表了埃及與衣索匹亞人民一種分離主義的要求，不願受拜占庭政府的控制，

否則政府不必花很大力氣，動用武力鎮壓他們。有一名帝國的大主教訪問亞歷山大時，看到那裡的群眾襲擊政府的文官。軍隊試圖鎮壓時，被群眾投以石塊追逐，軍隊逃到寺廟中躲避，被群眾活活燒死。公元四五一年的卡爾西頓會議之所以宣布基督一性論派為異端，如波斯諾夫所說：「承認不承認卡爾西頓會議，這對君主來說，實質上意謂著：他能否戴穩頭上的皇冠，能否堅守寶座以反對內敵。」

保羅派的根據地在敘利亞和亞美尼亞，深受東方「善惡二元論」的影響，認為現世是惡靈所造，矛頭顯然針對政府，所以信徒多屬貧民。十世紀保加利亞所掀起的規模龐大的鮑古米

爾運動，可說是保羅派運動的繼續。他們也是二元論者，宣稱世上一切有權勢的人都是撒旦的僕人，集中反映了農民的反封建意識。

叛教者朱里安

　　君士坦丁大帝改信基督教後，拜占庭信奉該教者有了飛躍的發展。但這塊土地上原有的希臘文化顯然同基督教教義格格不入。面對這種狀況，一種辦法是雙方協調，互相適應，求同存異；另一種是各行其是，宗教生活以基督教為準則，世俗生活聽憑取捨。年輕的皇帝朱里安（Julian）醉心於希臘哲學，認為既然希臘文化是最優秀的，信仰上何必再有個基督教，為什麼不去崇拜希臘諸神？於是，朱里安在三六一年公布了敕令，宣布基督教為非法，教育應當改進。因此他博得了一個「叛教者」的雅號。

　　敕令中說：「教育的目的不在於系統地取得文法的知識，而是應當培養健康的心靈，即在人們腦海中要真正理解什麼是善惡，什麼是榮辱。如果一個人的信仰是一件事（指基督教），教育學生是另一回事（指希臘文化），他就不能說是誠實的人。他講得天花亂墜，教的卻截然相反，這只能說是一種小販行徑，兜售假貨，欺騙顧客。教育者應有正直的性格，不能使靈魂中隱藏著的東西和公開所表達的不一致。我讚賞那些不說假話的人。荒謬的是，有些人講解希臘古典作品，卻污辱他們所崇敬的諸神。我給這些人一種選擇：或者是不去教他們所認為不值得讚揚的；或者是願意去教，但不能教導學生將荷馬等作品中所涉及的諸神解釋為犯有不敬、愚蠢、錯誤等罪

過。如果他們繼續不信希臘諸神，那麼讓他們去教堂講解馬太福音和路加福音吧！」敕令中還禁止信仰基督教的修辭學和文法學教師再執教，除非他們崇拜希臘諸神。

朱里安即位僅兩年，於三六三年戰死在疆場。他的教育政策因許多人反對，以後沒有貫徹。當時的歷史學家馬賽林努斯（Ammianus Marcellinus）盛讚朱里安本人的品質，稱他是個英雄人物，不僅具有克己、智慧、公正、勇氣等四大德性，且善於作戰，有演說天才。

據說，朱里安早歲喪偶，誓不再娶，一心研讀柏拉圖和希臘悲劇。他善於和士兵同甘共苦，每次戰役時，總是與普通士兵一樣，站著吃些最簡單的食物。士兵們稱他是偉大的統帥，每次出征前，軍士必橫劍於胸，宣誓效忠他，為了他寧可忍受一切，甚至不惜犧牲自己的生命。朱里安給士兵的箴言是：「堅信你們的統帥。」他又進行宮廷改革，反腐倡廉，解除所有腐化、不斷巧取豪奪致富的官員職務。話說有一次理髮師為他理髮，穿著華麗的衣服。朱里安說：我要的理髮師不是財政大臣。當他知道理髮師有不正當的收入來源時，即將他撤職。

朱里安叛教有其文化背景。他年輕時在雅典耽過多年，醉心於新柏拉圖主義，讚賞希臘諸神勇敢、典雅、正義等種種美德。而拜占庭自君士坦丁以來，兩個先皇都是肉慾主義者和享樂主義者，道德敗壞，日與婦女、宦官淫樂。他認為這一切都是基督教造成的，它的教義使人變得柔弱，喪失勇敢戰鬥的精神，沒有剛強的意志。最使朱里安反感的是一些基督徒將希臘諸神的雕像搬來裝飾君士坦丁堡，希臘神廟的土地和收入被剝奪供基督教會或朝廷寵臣之用。這些因素促使朱里安進行反基督教的政策；但他沒有採取暴力行動反對基督教。

馬丁路德的先驅者——利奧三世

　　歐洲歷史上的宗教改革實際上不能說是始於馬丁路德，早於他八百年左右，拜占庭皇帝利奧三世（七一七～七四一年在位）即發動了一次自上而下的宗教改革運動。這場運動表面上只是「反聖像膜拜」（Iconoclast）的鬥爭，實質上矛頭針對貪得無厭的教會。教會靠高利貸起家，積累了大量財富，又不納稅，以致影響到國家的財政收入，因此勢必引發與皇帝的尖銳對立。更重要的是，國家不能受教會的控制。因此利奧三世以意識形態作先導，通過攻擊膜拜聖母、聖徒等畫像，反對修道院的禁慾生活，譴責宗教儀式中的迷信現象，向教會發起攻擊。研究拜占庭歷史的專家林賽（J. Lindsay）稱：「反聖像運動是第一次宗教改革，十六世紀所發生的事情（指馬丁路德發起的運動）是第二次宗教改革。」

　　利奧三世在政治上原是個改革家。他曾頒布了《法律手冊》（Ekolga），規定對犯人應予以人道待遇，廢除死刑；又訂立《軍事法規》，恢復軍人的紀律和應遵守的道德規範；並擬訂出《農民法》，使耕者有其田。公元七二六年及七三〇年，他兩次頒布了嚴禁崇拜聖像的敕令，許多著名的支持聖像者受到鞭刑、放逐、沒收財產等處罰，帝國大學也被關閉，因為那些教員不願參加反聖像運動。

　　《聖經·出埃及記》記載，耶和華曾對摩西說過，你們不可作什麼神像與我相配。

·利奧三世

可見不拜偶像原是上帝的誡命。但教會認為有了聖像，信徒可以向之獻祭，可以瞻仰，較之抽象的神學信仰更易於接受；有些教會且利用它來發財致富，接受朝聖者大量的捐獻，甚至將聖像作為驅邪物、護身符，宣傳聖像會創造奇蹟。當時，地中海一個島上火山爆發，反聖像者宣布這是由於聖像崇拜活動觸怒了上帝而遭天譴，於是開始在教堂和其他公共場所接連銷毀聖像和雕塑。

教皇格里高列二世對此提出抗議，並停止支付過去一直交納給拜占庭國庫的款項，聲稱皇帝無權作出有關信仰問題的立法事項，無權對傳統的教義創新。隨著形勢的發展，帝國內部也在信仰問題上出現分裂，西部（包括意大利和希臘）堅持聖像崇拜，東部（包括小亞細亞）贊成反對聖像崇拜。公元七三〇年，利奧三世要求君士坦丁堡的大主教（即牧首）日耳曼努斯（Germanus）支持反聖像政策，遭到拒絕，利奧三世即召開了世俗和教務人員最高會議，罷免了日耳曼努斯的職務，另委阿那斯泰西斯（Anastasius）為新的大主教。作為相應的對抗措施，新任教皇格里高列三世宣布對利奧三世和阿那斯泰西斯處以絕罰。這樣，更加深了東西兩個教會之間的鴻溝。

利奧三世死於七四一年，其子繼位為君士坦丁五世。實際上，從七二〇年開始，他已按照傳統習慣，與利奧三世共同執政。因此，他執掌權柄後，繼續推行反對聖像的政策。君士坦丁五世比他父親的聰明之處在於制訂了一套神學理論，使反聖像在教義上更站得住腳。公元七五三年，在君士坦丁五世的推動下，於君士坦丁堡召開了第七次大公會議，有三三八名主教參加。會議作出決議：任何對形體的崇拜是非基督教的，經文嚴禁崇拜偶像；神性是完全不能勾勒出輪廓的，因此不能由畫家描繪出來；基督既有神性又有人性，基督的聖像無異將人性

和神性割裂開來；基督的真正形象只在於聖餐中的麵包和葡萄酒。更具有重要意義的是，會議肯定「皇帝等同於使徒」，確立了皇帝控制教會的權力。

反聖像運動使教會完全受制於國家，教會和修道院的抵抗只能進一步加速削弱自己的力量，包括經濟利益在內。它們的土地、金器、銀器和珠寶都歸國家所有；土地再分配給軍人與貴族，因為他們是反聖像運動的堅決擁護者。

女皇艾琳攝政後，於七八七年九月再次召開大公會議，撤消七五四年大公會議的決議，恢復了聖像崇拜。但鬥爭並未到此結束。八一三年，利奧五世即位，他深信利奧三世和君士坦丁五世在軍事上的成就得力於反聖像政策，這項政策既得到軍人的支持，又博得上帝的「歡心」。而在艾琳攝政期間，軍事上節節敗退，先是受到阿拉伯人和保加利亞人的沉重打擊（七八八～七八九），遠征意大利又宣告失敗，不得不割讓若干城市給法蘭克王國的查理曼大帝（七九八）。因此利奧五世繼續奉行反聖像政策，八一五年召開宗教會議，免去了堅持聖像的尼堪福洛斯（Nicephorus）大主教的職務，另選齊奧杜都斯（Theodotus）為大主教，並重申七五四年第七次大公會議決議的有效性，禁止生產、製造聖像；但對聖像的解釋作了讓步，即它不等同於偶像。

八四三年，在女皇西奧多勒攝政期間，又召開了宗教會議，宣布恢復聖像崇拜，從此反聖像崇拜的勢力一蹶不振。東正教至今把公元八四三年三月十一日作為重要日期，以大齋節（Lent）的第一個星期日作為喜慶節日，紀念聖像崇拜取得最後勝利。

反聖像運動的失敗，象徵希臘文化戰勝了阿拉伯文化。希臘早就盛行崇拜諸神的雕塑藝術，而阿拉伯歷來反對崇拜偶

像，可以認為反聖像運動是在阿拉伯文化影響下產生的，所以與阿拉伯國家接壤的小亞細亞絕對支持反聖像政策。但這兩種文化都是「異端」，任何一方取得勝利，都與西方教會有異，也不是西方教會所能控制的。反聖像運動以後不再提到議事日程上，只是由於統治者的世俗政權已達到了控制教會的目的，修道院所喪失的土地再也沒有恢復，顯然崇拜聖像與否，已無關緊要。

與教會對抗的修院運動

基督教的修道院是在拜占庭發展起來的，它不是自上而下，由教會所建立，而是恰恰相反，由平信徒發起修道院運動，以示與教會對抗。他們是一些「持不同政見者」。基督教在羅馬傳播後，教會內部爭權奪利，生活腐敗，早就引起一些信徒不滿：他們認為這些教士的所作所為已違背了教義，人的得救不可能再指望教會，只有依靠自己。

《聖經‧使徒行傳》記載，彼得對眾人說：你們當救自己脫離這扭曲的世代。於是眾人都聚在一處，凡物公用，並且賣了田產、家業，照各人所需用的分給各人。《馬太福音》也記載耶穌說過：「你若願意作完全人，可去變賣你所有的，分給窮人。」這樣，一些信徒認為他們毋需將自己的財產奉獻給教會，完全可以變賣一切來過群居隱修的生活，在這裡人人平等，棄世絕慾。他們譴責教會迷戀於世俗生活，是「入世」的，只有修道院生活才真正是「出世」的。

修道院運動的創始人是安東尼（Anthony），三世紀時人。他出身貧苦，後來富有。他受了福音書的啟示，將所有財

產變賣，分給了窮人，然後遁世於埃及的荒漠中。到了四世紀，安東尼方式的隱修生活已遍及整個下埃及。這種方式即是兩、三個人聚居一處，過著絕慾的苦修生活。正式的修道院是同時代人派柯米斯（Pachomius）在下埃及建立的。在那裡，修士從事手工藝勞動，除了自給之外，多餘的分配給女修院和監獄。派柯米斯並且制訂了修道院的各種規則：修士各有其單人小房間，除了草墊之外，不准有其他財產；通常穿無袖的袍服，還有一頂帽子；在夜間不能同任何人談話；不經批准，不能外出，外出後歸來，不能將所見所聞傳播。

修道院制度不久就傳入亞美尼亞、敘利亞和美索不達米亞、君士坦丁堡。原來的安東尼方式不過是兩、三人在一起，各行其是，不構成群體力量的威脅。而派柯米斯修道院制度的建立則大異其趣，有的修道院中人數眾達數百人，它獨立於教會之外，成為基督教中的另一個重要社區，這不能不使教會感到恐慌。特別是一位有許多追隨者的尤斯泰提斯（Eusthatius）修士，他公開宣布信徒所遵守的教義應該是：凡結過婚的人不能指望得救；鼓勵奴隸應脫離他的主人；富者應放棄所有財產。這樣，教會所得以依靠的社會秩序就完全被破壞，並影響到教會本身的存在價值。但教會不敢得罪他，也不能宣布他為「異端」；相反，提升他為主教，希望將他納入教會的軌道。

然後，出現了一位聖巴齊爾（St. Basid）。他將修道院誘導進入教會的控制之下，所以後人稱他是「教會的柱石」。最初他和母親及姊妹一樣，過著隱修生活。公元三五七年起，他長途跋涉於美索不達米亞、敘利亞、巴勒斯坦和埃及等地，觀察哪種隱修方式較為合適。他得出的結論是：安東尼式的隱修離群索居，有悖於基督的博愛精神。唯一可行的是修道院集體

生活。他又將修道院制度和教會這兩者調和起來，認為兩者都是可接受的方式；修道院固然是通向天國的大道，但在世俗社會中，人們的行為如果能得到教會的適當調適，同樣有可能達到這一目標。所有教徒都要禁慾，只是對修士嚴格些，對平信徒寬鬆些。同時教會發現，修道院的存在只要控制得當，實際上對教會並無害處，因為這些修士清心寡慾，不會產生激動的情緒來公開對抗。巴齊爾堅持修道院中必須工作，這樣才能有益於教友，於是另行規定了一些制度，如在近旁設立孤兒院，可教育兒童；每日的禱告、工作和讀經是必需的，禱告每日六次；工作是農耕；衣服和飲食起居等必須簡樸。

這種修院制度後來西傳，成為本篤會修院的基礎。

修道院的讀經由院長主持，而院長又是教會任命的，這就使修院置於教會控制之下了。以後查士丁尼皇帝正式規定，任何修院的建立必須得到主教同意，主教可任命修院院長。

Chapter 6
文化的吸收和擴展

拜占庭文化的特徵

　　拜占庭帝國這個名稱，在帝國存在時期，無論是平民或政府，都不曾使用過，只是在帝國崩潰之後，在十六世紀才出現了這個名稱。當帝國建立之時，仍然自稱羅馬帝國。他們的西鄰稱它為Romania，東鄰稱它為Rum，後來的史家又稱它是「後期羅馬帝國」或「東羅馬帝國」。誠然，拜占庭帝國確實是羅馬帝國的延伸，在拜占庭史料中經常談到自己是羅馬人。但這些羅馬人與先前的羅馬人已有很大的不同，特別表現在文化特徵方面。先前的羅馬人自稱是古代希臘文明的繼承人，並有一個統一的基督教教會，構成了拉丁文化的主體。拜占庭的羅馬人分裂出一個東方教會，體現了本身的民族精神，對抗西方基督教教會。雙方積怨甚深，直到十五世紀，東方教會的信徒寧可在政治上臣服於土耳其人而不願接受西方基督教教皇的統一。在接受希臘文明方面，它比羅馬帝國走得更遠，希臘化的程度與日俱增，被西方教會視作異端。再加上拜占庭與東方國家的頻繁接觸，吸收了東方文化，這樣就構成了獨特的拜占庭文化。

　　希臘化、正教和東方文化融合成一體，構成拜占庭文化的特徵。正是東西方文化的會合，形成了燦爛光輝的拜占庭文明。君士坦丁堡地處地中海東端，周圍的雅典、安提俄克、亞歷山大等都是希臘人的城市。君士坦丁遷都於拜占庭時，此城居民或是有希臘人血統的，或是已被希臘化的，多數人講希臘語，他們對古希臘文化的理解自然遠甚於其他民族。

　　對中世紀歐洲的其他國家來說，希臘語是一種難懂的外語，只有具備高度文化修養的學者才能理解。因此，當時的西方世界保存的古希臘文獻很少，而拜占庭帝國的各大圖書館則

充滿各種珍貴的希臘古籍抄本，供公眾閱讀。而且，拜占庭的教育也是以傳授希臘文學、哲學作為基礎課，這就不難理解為什麼拜占庭帝國的許多著作都是用希臘文寫的。這正好與羅馬帝國的拉丁文著作形成鮮明的對照。

拜占庭文化又不僅僅是古希臘文化的繼承人，它還深受教會的影響，例如，聖像畫和神學等。拜占庭的著作有半數屬於神學，很少有作家不接觸神學的，東正教成為拜占庭文化的一個重要成分。

拜占庭人不是一個單一民族，有許多東方民族成了拜占庭大家庭的成員，他們的文化對拜占庭注入新的膠黏劑，如時尚的文學、藝術、科學等方面可以顯然看到東方文化的影響。這就使得拜占庭的主文化是希臘文化，但又不是純粹的古希臘文化，還附上了東方色彩。它流行的寬邊毛毯、裹頭巾原來都是東方人慣用的；阿拉伯人的庫非（Kufi）字體被仿製，用作壁畫的裝飾品。拜占庭的故事名著《斯蒂芬和依喜納爾》是仿照阿拉伯文學《卡利拉和丁姆納》寫成。阿拉伯數字（除了「零」以外）是在十二世紀傳入拜占庭的。拜占庭的天文學成就除了受到傳統希臘天文學的啟迪，還接受了阿拉伯人的觀念，一份一○三二年的希臘文手稿中，曾對希臘和阿拉伯的天文學作了比較研究。

希臘古典是非基督教的，與傳統的基督教神學觀點相抵觸。它們對人類的生存和所遇到的問題各有自己的解釋。教會向來視哲學為神學的奴婢，或者說神學是第一哲學；而拜占庭的哲學家基本上是兩大派，不是亞里斯多德派，就是柏拉圖派。他們如何不去觸犯教會，教會又如何容納他們，這就有賴於雙方依靠自己的智慧，走到協調的局面，共同發展拜占庭文明，使它成為黑暗的中世紀時期唯一顯露的一朵奇葩。

拜占庭文藝復興的哲學背景

　　拜占庭的文藝復興是從十一世紀開始的，是直接受拜占庭哲學家和文學家的影響而產生的。什麼是哲學？他們認為既是智慧的表現，又是關於神和宇宙的知識。哲學又總是表現為理論和實踐兩種形式。在理論方面，拜占庭哲學家受惠於亞里斯多德和柏拉圖；實踐方面，教會的倫理觀和修院中的沈思默禱又在影響著人們。

　　基督教的哲學和世俗的哲學不斷碰撞，而希臘思潮又已成為一股不可阻擋的力量，有些教會人士就採取折衷主義辦法，如聖克里門特說：「至於哲學，我不是指亞里斯多德派、柏拉圖派、斯多噶派或伊壁鳩魯派。不論這些派別怎麼說法，他們總是教導正義和虔誠的知識，這種哲學我稱之為折衷主義。」顯然他並不想排斥「異端」。實際上，中世紀經院哲學中的「唯實論」早已是柏拉圖唯理論的翻版，後來十三世紀的神學家托馬斯‧阿奎那也被稱作「亞里斯多德主義的權威」。

　　拜占庭的哲學思潮基本上屬於柏拉圖派或亞里斯多德派。由於商業活動頻繁，帶來了經濟的繁榮，人們追求幸福，反對禁慾主義，影響到教會和哲學領域。教會儘管詬罵世俗生活，但不能不和發展中的社會接觸；教會除了口頭表示與世俗隔絕外，實際上像凡人一樣，在寺院中進行貿易、養牛、耕植葡萄園，一些隨軍教士甚至當上重要的軍事職務。人們對何謂「聖徒」的理解也發生了變化。著名詩人齊則思（Tzetzes）抱怨：「任何討厭的和該受詛咒的傢伙，在君士坦丁堡都能受人尊敬為聖徒，其地位高出於先知和殉道者。」侍奉上帝不是唯一的得救途徑，現實生活更重於彼岸世界，人們所關心的是如何從現實中得救。於是，哲學家的主要目標也轉向，著眼於使人們

理解什麼是人類的良好生活以及他們所遇到的問題。

人文主義早在八世紀時已出現於拜占庭，首先表現在藝術領域，其特徵是由一些理想主義皇帝自上而下所推動的反聖像畫運動。他們反對基督具有人的形象，要用世俗藝術來替代宗教藝術，強調藝術應表現人類的歡樂生活，鼓勵回歸到希臘的人文主義。皇帝的意圖是藉此給教會以致命的打擊。利奧五世在八一五年的一次談話中，辛辣地諷刺了聖像崇拜者。他說：「那些崇拜聖像的皇帝不是死於流亡，就是戰死疆場，而不拜聖像的皇帝一個個都安詳地死於自己床上。我也想效法後者，所以要破壞聖像，使我和子孫們都能永享天年。」

反聖像運動最後失敗，人文主義沈寂了一個時期；到十一世紀，才又由哲學家發其端，推動了文藝復興。

普賽洛斯屬於柏拉圖派，他仿《理想國》之例，提出「什麼是理想的皇帝」這一問題。

柏拉圖認為：理想的統治者應該是受過哲學訓練的人，普賽洛斯就特別讚揚這位羅梅納斯三世（Romanus Ⅲ，一〇一八～一〇三四年在位），認為他富有哲學修養，滲透了柏拉圖精神。至於其他諸皇，普賽洛斯多持批評意見。在他的著作《年代記》（Chronographia）和一批書信中，攻擊一些皇帝醉心於人們的阿諛奉承，容不得自由思想，不以公眾福利作為指導，而是隨心所欲。有些皇帝即位之初尚有善政，到了後來卻背道而馳。他們的罪惡木能導致健康的衰敗和道德的墮落。普賽洛斯並不是唯一揭露帝皇的弱點者，還有一位佐那拉斯（Zonaras）甚至懷疑是否可能出現一位理想、可作為範式的皇帝。他們抓住了皇帝的弱點，隨之而來的必然是要求限制專制帝皇的權力。

如果說，普賽洛斯只是從道德規範來批判「君權神授」，

他並沒有觸及到神學經及哲學本身，那末他的學生伊泰洛斯（Italos）卻是真正捅了教會的馬蜂窩。他以邏輯為武器，主張：只有通過推理，才能找到真理。同時代的保守神學家對他將邏輯學應用到神學不能容忍，他們控告伊泰洛斯的罪行是：只相信世俗科學是真理；試圖用邏輯學理解基督具形的神祕性；反對基督和聖徒們所出現的奇蹟；不承認靈魂的不朽和肉身的復活。他因被視作異端而受到審判，但最後的處分還是寬容的，只是革出教門和離開大學的教席。亞歷克修斯一世的女兒安娜‧康姆尼納（Anna Comnena）在《亞歷克修斯紀》這本書中，記載了當時宗教會議的審判情況，指出伊泰洛斯在審判時依然絕不屈服，公開為自己的學說辯護。

伊泰洛斯的一些學生也被視為異端。尼西亞的歐斯特拉底奧斯（Eustratios）比他的老師走得更遠，認為耶穌基督的講道是以亞里斯多德的三段論法為基礎。尼祿斯（Nilos）強調基督的人性，暗示通過基督的恩寵，人人可得神性。

不論這些哲學家被視為異端與否，從十一世紀開始，閱讀柏拉圖和亞里斯多德的著作已成為時尚（至少在知識分子之中）。他們對傳統神學的衝擊，絕不能低估。他們強調理性高於一切，反對迷信、巫術、占星術、預言；他們相信真理可以通過理性來掌握（為了不觸怒教會，又說明啟示對掌握真理具有同等重要的意義）。十一世紀的拜占庭文藝復興應當說是由哲學開路的。

雄辯術的發達

Rhetoric這個詞應用於撰寫文章時稱「修辭學」，用於演

講時稱之為「雄辯術」。它在古希臘極為流行。當時為了政治演說，或在法庭上陳述意見，力圖壓倒對方，必須講求說話的技巧；即便在文章中，要取得說服讀者的效果，也不得不注意修辭。

首先將這種學科規範化的是亞里斯多德。他將雄辯術分成三種模式：（一）是道德價值（ethos），指演講者本人的道德品質，雄辯是為了追求真理。亞里斯多德強調：這一點使雄辯有別於詭辯。（二）是道（Logos），意思是論証須應用省略的三段論法（enthymemes），並舉例說明。（三）是能動情（pathos），使聽眾引起共鳴。羅馬帝國的演說家西塞羅得其衣缽，他的演說總是能震撼人心，堅不可摧。他認為雄辯術不是雕蟲小技，而是一個有修養的政治家必備的條件。文體僅是形式，主要須具備淵博的知識，否則無法論証。

拜占庭教會最初反對雄辯術，因為《聖經·保羅達哥林多人前書》中說：「我說的話、講的道，不是用智慧委婉的言語，乃是用聖靈和人能的明証，叫你們的信不在乎人的智慧，只在乎上帝的人能。」而且還說，我「不用智慧的言語，免得基督的十字架落了空。」一位亞歷山大的主教諷刺雄辯術是「口若懸河，精神實質只是一滴水。」後來人們發現雄辯術可以用來對付異教徒的邪說，便不再抵制，而且同意將雄辯術列為大學的主要課程。

拜占庭人為什麼喜歡雄辯術或修辭學？除了希臘化的影響之外，另一個原因是為了一展才華，可以充當宮廷的祕書、教會上層職務或其他重要工作。它的用途與古希臘有些差別。古希臘的共和政體需要發表競選演說或在法庭上陳述種種理由指控或辯護。著名的辯論家伊索克拉底斯（Isocrates）留下的著作中，有六篇是法庭上的辯論演說。偉大的愛國主義者德謨斯

提尼（Demosthenes）的三篇彈劾馬其頓王腓力普的演說，被譽為雄辯學的傑作。

到了拜占庭時代，皇帝一統天下，毋需競選，法規齊備，依法行事，辯論多餘。但此門學科在拜占庭非但不見衰落，甚且更為發達，大學為此設立專門學科，培訓人才。從一〇八六年開始，規定在每年一月六日，例有一篇讚揚皇帝的演說詞向皇帝祝賀，由修辭學科的老師專司其職，這就是他大顯才能的時候了。現在留存的一份一一九三年湯奈克致艾薩克二世的祝賀詞，賀詞將皇帝比作太陽，光輝四照，人民不敢仰視；柏拉圖所日思夢想的明君，我們今天有幸見到；皇帝音調優美的語言遠遠超過了荷馬。這些顯然都是阿諛奉承之詞。但賀詞中必須引用柏拉圖和荷馬的典故，否則無文采可言，必然失寵。這種風格還經常應用到葬禮和就職典禮上。還有人喜歡在劇場上發表演講，顯示其雄辯術的教養，這已成為當時的風尚。

為了達到預期的效果，古希臘教導學生演講的藝術應該運用神話、道德教誨、格言、詰難和確証、誇張、讚揚、比擬、勾劃特性、提出難題等手法，語言和文字則力求典雅簡潔。

這些方法，拜占庭人視為圭臬，無論在演說、散文或歷史記載中都經常運用。六世紀時的史學家阿格提阿斯（Agathias）明確聲稱，我們必須花許多時間去閱讀古代賢人的作品，為的是可以模仿。十四世紀的政治家梅托卡特斯（Metochites）稱古典作家是良師益友。另一位史學家席摩喀他在那本《歷史》的前言中說，雄辯學的方法是使聽眾陶醉的先決條件，它會使一切感官為之感動，包括視覺、味覺、感覺和聽覺。當時，希臘著作風靡一時，經常有人向聽眾朗讀這些作品，有時甚至連皇帝也親臨劇場，傾聽朗誦。

歷史學的任務

　　歷史學是拜占庭人最喜愛的文學表現形式，原因不全是為了察古今之變，主要是拿來當故事閱讀。他們繼承了古希臘史學的傳統，編寫出眾多的《歷史》和《編年史》，為人們研究拜占庭歷史提供了重要的資料。可惜留傳至今的大部分屬殘篇。研究中西交通史的人大多熟悉席摩喀他、普羅柯庇阿斯、彌南竇等人的名字。此外，重要的還有普賽洛斯、安娜·康姆尼納、阿迦齊阿斯、君士坦丁七世等。對他們影響最大的希臘史學家是希羅多德、修昔底德和色諾芬。希羅多德文體流暢自然，不精心雕琢，猶如一篇敘事詩，並經常插入道德訓言。修昔底德被譽為科學性歷史學之祖，態度客觀公正，不以一時得失論英雄，文體是散文體。色諾芬是位多產作家，曾師事蘇格拉底，文體質樸率直，似稍缺風采，《為蘇格拉底辯護》是他的名作。拜占庭史學家的文體風格主要是模仿這三位希臘史學大師，或獨尊一家，或兼崇二師。至於編年史一類書籍，大多出於修士手筆，通常帶有宗教偏見；但因為是供一般公眾閱讀，口語性特強。

　　席摩喀他（Simocatta）是希拉克利厄斯一世（Heraclius I，六一〇～六四一年在位）的顧問。這位史學家反覆強調了史學的重要性。他在《歷史的普遍性》這本書中說：「人們可將歷史視作所有人類的共同教師，它向人們指出了應循的途徑以避免無效的工作。一位最能勝任的將軍總是以歷史為指導，因為歷史揭示出，應當如何調動軍隊，如何克敵制勝。歷史又總是教導將軍們應謹慎從事，他人的厄運可以為訓，要觀察他們如何犯了錯誤。同樣，它也向人們指出，歡樂是從善行得來，只有漸進才能將人們推向德行的高峰。對老年人來說，歷

史是個見証；對年輕人來說，歷史是良師益友，是適應新情勢的經驗成果。」這也就是劉知幾所說的：「其惡可以誡世，其善可以勸後。」

史貴直書，不掩惡，不虛美，雖事涉君親也不歪曲史筆，如安娜‧康姆尼納（Anna Comnena）者，可謂得其旨焉。她是亞歷克修斯一世的女兒，寫了一部《亞歷克修斯記》（Alexiade），根據親身經歷和他人的回憶，寫下同時代的歷史。此書至今尚存。她的出生年月不清楚，只知道卒於一一四七年，時距亞歷克修斯一世在位年代約四十年。

她撰寫此書的態度，在書中講得很清楚，大意是：讀者最初接觸此書，或者以為我的著作自然會有偏見，例如，父親怎樣為了拜占庭人民的美好生活而冒著許多危險，又為了基督徒而忍受多少苦難。我不想去談這些，也不以對他歌功頌德為目的。無論何處他犯了錯誤，我只能違背自然法則而堅持真理。雖然我認為父親是親人，但真理更親；當兩者要你選擇時，我寧選真理。我寫作的根據是事實本身，既不故意隱瞞它們，也不刪掉所發生的事情。這裡就是証明。本書的大部分資料是在父親死後，第三個皇帝統治時期完成的，這時一切對父親的諛詞和謊言都已消失了。阿諛奉承者想得御座，但對已故的死者不再有奉承的必要，只須坦陳事實，正確地說明事情是怎樣發生的。安娜‧康姆尼納的文體顯然屬於修基昔底斯一派，既尊重事實，又彰顯文采。她的丈夫也是歷史學家。

拜占庭的歷史學家不是宮廷重臣，就是王室血統。他們有第一手資料，可是因屬勛貴宗親，不得不隱諱某些事實，有失公正。這是他們的缺點。像安娜‧康姆尼納一般能直書者並不多見。另有一種傾向，當時平民讀歷史就喜歡像聽有趣的故事，不去講究事實的真偽，史學家為了符合潮流，頗多採拾道

聽塗說、街談巷議穿插其中，真偽不明，所以我們使用拜占庭的資料須有所鑑別。

匠心獨運的藝術

有一位九世紀的阿拉伯學者賈希茲（al-Djahiz）說過：「希臘人是學者，拜占庭人是藝術家。」這話並不過分。拜占庭人為人類所創造的藝術財富，包括繪畫、建築和裝飾藝術等，確實在人類文明史上大放異彩。拜占庭的藝術家很有其獨特個性，他們的作品很少留下個人名字，不像文藝復興時代巨匠的名字那樣廣為流傳。現在我們確切知道這些藝術家之大名的寥寥無幾，一位是畫家齊奧法尼斯（Theophanes），十四世紀時他為俄羅斯人作壁畫，將拜占庭的風格傳入俄國。還有兩位建築家，安底繆斯（Anthemius）和伊索特（Isodore），他們因重修索菲亞大教室而名聞遐邇。

拜占庭藝術的風格究竟是東方的還是西方的，美術史家曾爭論不休。多數人認為是東方式的，但究竟源自亞歷山大，還是安提俄克、美索不達米亞，抑或是中亞哥特人的影響，說法也不一。這些讓美術史家去討論，我們所要注意的是：它究竟有些什麼特點？

拜占庭的教堂多呈長方形，有柱廊，一端有高壇。這種建築風格源自古羅馬議事廳，羅馬人以此用作司法、商業、軍事和儀式活動場所，而拜占庭則是為了滿足基督徒聖餐式的需要而構築，中間空殿供信徒集合，高壇上的座椅供主教安坐。最重要的是它的拱頂與角隅的柱體結合，兩旁更有許多柱子，解決了圓形與長方形巧妙結合的構思，聖索菲亞大教堂即是一

· 拜占庭建築

· 教堂內拱頂的聖像貼畫

例。柱子的結構也與傳統的希臘樣式不同，柱頭呈倒金字塔形，下端雕有各種花朵或動物圖樣。拜占庭教堂除了拱頂之外，頂的左右還有兩座較矮的圓塔，它是耶路撒冷的象徵。

拜占庭藝術家最偉大的成就是鑲嵌畫的裝飾，它替代了先前的壁畫（壁畫並未完全消失），改變了希臘風格的纖細手法，以對稱而又群體集中的表現手法，給人神聖的感覺。這在九世紀時已興起，色彩的基調是藍色和金色。大幅鑲嵌畫是有層次的，教堂的最高部分，即拱頂的中央，是主宰宇宙的天主，基督的周圍有一群天使護衛著，拱頂下面，高壇後邊的半拱形部分是聖母畫像，其兩旁是米迦勒（Michal）和加百列（Gabriel）兩位天使長。天主像下面有許多使徒和先知，聖母像下面是聖徒。目前許多天主教堂大致也如此配置。

反聖像運動曾使教堂的裝飾發生劇烈的變化，繪畫以世俗生活為題材，包括樹木和各種動物，如鶴、鴉、孔雀等，周圍配以常春藤葉子，在宗教意義上只以十字架作為象徵。原來在宗教藝術上嚴禁有普通平民的圖像，這時出現了狩獵、競技場和騎士的情景，甚至連皇帝的宮殿中也畫上了武器、動物、樹木和摘果子的人。反聖像運動失敗後，以聖像為題材的教堂裝飾畫更見蓬勃發展。

反聖像運動在宗教藝術上提出了一個嚴肅的問題：怎樣再現耶穌基督的形象？基督既有神性，又有人性，他只能存在人們心中，怎麼可以用肉體形象來表現。這也就是反聖像者的一個重要理由。

支持聖像者取得勝利後，對此作了這樣的解釋：基督是個完人，他可以以人間的形式出現於各種場合。然而什麼是他的人間形象呢？與常人一樣嗎？他的袍服必然是羅馬時代的式樣嗎？頭髮的顏色怎樣？鬍子的長度怎樣？這些只能讓神學家去

・拜占庭教堂的鑲嵌聖像

討論了。

　　鑲嵌聖像畫採用平面技法，缺少空間和立體感，目的在於不分散觀賞者的注意力。

　　壁畫衰落之後，繼之而起的是一種木板畫。它在板上敷以熟石膏，然後覆上一層布，再敷以熟石膏，在上面作畫。這是傳統的希臘技法。還有一種蠟畫，是用熱蠟繪製的。

　　拜占庭藝術是拜占庭人留給人們的寶貴財富，它的大膽創新為前人所不敢想像。例如，有一幅鑲嵌畫，站在基督左右兩旁的是君士坦丁九世和佐伊女后；還有一幅是聖母抱著聖子，兩旁是約翰二世和艾琳女后──顯示了帝王的崇高性，堪與基督和聖母並列。

異國情調的敘事詩

　　敘事詩早在古希臘已很發達，最著名的自推荷馬和赫西俄德（Hesiod）的著作，其內容以本國神話英雄為題材。

　　拜占庭在九～十一世紀時出現過一部歷久傳誦不衰的敘事詩巨作，作者Digenes Akritas。這是個化名，敘事詩即以此名之。許多學者曾考証他的真名，有人說他就是安納托利亞（Anatolia）的一名軍隊領袖Digenes，七八八年在一次戰鬥中被殺。不過取此名字的人很多，那位軍人未必是敘事詩的作者。如果按照他的名字來解釋，Digenes是兩種民族的意思，他一半是希臘人，一半是阿拉伯人，也即這兩種人結合而生的混血兒。這種說法較為可信，作者是主張基督徒和阿拉伯人團結起來維持和平的。Akritas意謂「邊境衛士」，表明他處於邊境，與阿拉伯人有頻繁的接觸。

這部敘事詩以Digenes Akritas作為英雄主角，其大致內容是：有一個阿拉伯酋長蒙梭（Monsour）帶走了拜占庭杜卡斯（Doukas）家族一名將軍的女兒。她的五個兄弟抓住蒙梭，將他痛打，蒙梭就皈依基督教，並與那位女子結了婚，生下的兒子即Digenes。Digenes成長後，也帶走了杜卡斯家族一名將軍的女兒優獨姬亞，與她結了婚。他們成婚後不願受到宗教信仰和家族問題的困擾，另遷邊境他處居住，在那裡經常與野獸和強盜搏鬥。一次，他從暴徒手中拯救了一名女子，經不住她的誘惑，與她同居了，但心中仍愛著優獨姬亞，為她建造邸宅和花園，供她居住。最後，Digenes病危時，回憶起與優獨姬亞在曠野中的美好愛情生活，哀傷而死；優獨姬亞聞之，傷心而死。詩的末尾是兩人回到伊甸園，過著和平幸福的生活。

　　敘事詩的內容哀艷，文筆的優雅是同時代其他著作無法比擬的。從文化學的意義上說，它帶有濃厚的阿拉伯和波斯等東方色彩。《一千零一夜》編成於公元十三至十五世紀，其中相當部分採自十世紀以前的民間故事。

　　有人考証（如林賽），Digenes中的某些題材實脫胎於《一千零一夜》中的歐麥爾（Umar）國王的故事。歐麥爾有個孫子堪木甘（Kanmakan）因不幸的愛情而逃亡他處，在那裡得經常抗擊野獸、強盜等的侵襲。Digenes還提到一個英雄人物名欽那摩斯（Kinnamos），這是一個真實人物。他原是安息貴族，寧願放棄王位而出亡他處。事情雖發生在公元一世紀，有關其事蹟的歌曲則留傳至今。

　　敘事詩的作者不僅在政治上要求實現他的理想——希臘人和阿拉伯人聯合起來，而且在詩的內容方面，以傳統的希臘荷馬史詩風格為基調，又加進阿拉伯色彩。

對地震的知識

拜占庭歷史上發生過數次地震，最大的兩次是三五八年和五八三年。同時代的拜占庭史學家對此均有過記載。三五八年這次地震遍及馬其頓、小亞細亞和黑海沿岸，山岳為之震動，無數城鎮受災。災情最慘重的是小亞細亞重鎮尼柯梅地亞（Nicomedia），整個城市幾乎全部被毀。

那天拂曉（八月二十四日），天氣晴朗，突然被一層稠密的烏雲覆蓋，陽光立刻消失，可見度極差，甚至最近的目標也被濃霧籠罩。接著掀起了旋風並捲起水柱。隨之而來的是可怖的地震，使城市及其周圍整個被毀。由於房屋多數建在山坡上，它們就一個接著一個從頂峰落下，四周一片隕落聲。峰頂迴響著人們的呼喊聲，他們相互尋找著自己的親人。兩小時後，天空又出現晴朗，一幕幕慘景顯露在人們面前：有些人被瓦礫壓死，有些人受傷後無人救護而死，大多數人是最初一擊即死。總督阿里斯泰奈都斯備受痛苦，在呻吟中死去。其他還有不少人骨折股斷，成為殘廢，掙扎於生死之間。地震後繼之一場大火，燒了五天五夜，震餘的殘垣斷壁全都化為灰燼。

以上這段記載見於馬塞林努斯的著作，原書還有論地震的性質和類型這一節，可惜被人刪去了。即使在這篇殘簡中，還可看到它所記載的地震前的徵兆：突然烏雲密佈，繼之大霧籠罩，伸手不見五指。他將地震描述為上帝發出的雷霆，並喚來四方之風。

席摩喀他的《歷史》記下了五八三年所發生的地震。他說：那天（五月十日）大地從它的基礎上傾斜了，人們感到極度恐慌，甚至那些競技場中狂熱的觀眾也突然因恐懼而小心謹慎，就像孩子玩擲骰遊戲時父親忽然出現。在賽馬場外，高舉

旗幟歡呼吶喊的人因遇到了出乎意外的危險，連忙竄散。所有的人為了免於死難，都逃到教堂的神聖管區內尋求庇護。

席摩喀他對地震現象的說明是：「大地的軸心受了振動。」至於原因，更傾向於哲學上的解釋。他說，斯塔基拉人（斯塔基拉是馬其頓的一個城市，亞里斯多德誕生於此。此處隱指亞里斯多德）對此作了一定程度的思考。如果他的思考是可信的，他的智慧應受到人們讚揚。如果不是，一譏他再回到他的父親那裡再受教育吧！（這裡指亞里斯多德的四因說，他認為一切事物的運動變化都是四種原因造成，即質料因、形式因、動力因、目的因。）語中略帶諷刺，猶有存疑。

席摩喀他向來重視哲學，稱哲學為女皇，哲學是一切知識的來源，對地震發生的原因自然希望從哲學上得到解答。如果亞里斯多德的說明不能滿足，那末還有其他希臘哲學家。公元五九五年一月，天空出現了彗星。席摩喀他記稱：哲學家們歸諸氣象上的原因，亞里斯多德和柏拉圖派有大量記載。

席摩喀他對各種自然現象的突然出現，希望從哲學上得到解答，自然不能達到今日的水平，但畢竟較之占星術等迷信行為進步得多了。而且當時的科學知識屬於哲學的範疇，有些科學確是從哲學觀點派生。

巫術和占星術盛行於拜占庭，皇帝且備有宮廷占星術師，特別是那些陰謀篡位者經常乞求占星術，榮算著何時可奪得皇位。有識之士以哲學為武器對他們進行了抵制。亞歷克修斯一世以保護哲學家和哲學為己任，痛斥星相術的愚昧，並將享有盛名的占星師塞特（Seth）逐出君士坦丁堡。

哲學產生了煉金術

煉金術在古埃及早就發展。古埃及人認為金子是生命的來源。在他們的冶煉過程中，得到了一種酷似金子的合金。拜占庭煉金術上的成就及其影響遠遠超過古人，而這種科學技術的發展得益於哲學觀念。

古希臘的唯物主義者恩培多克勒（Empedocles，約公元前四九〇～四三〇年）曾提出四元素說，即火、水、土、氣，認為這是世界萬物的始基。這四種元素按不同的比例混合，就形成各種不同性質的東西。一些煉金術家根據這四基可以轉換的原理，將鉛、錫、銅、鐵定為四基，生產出黑色冶金，隨後加了一些銀子和汞再加熱，使呈白色，如再加進金子，進行硫化處理，就呈黃色，以後再加進某種合金，就變成紫色。最重要的自然是金黃色。

他們又認為這四種色彩各有象徵意義：黑色代表冥府，白色代表大地，金色代表天體，紫色象徵太陽。四世紀時，煉金術作者佐西摩斯（Zosimos）說：「自然所造成的萬物是『一』，『一』不是見於形式，而見於『系統』。這個系統稱之為Techne，即我們所說的技術。通過技術，可以改變自然，但仍然屬於『一』。」

拜占庭人關於煉金術的觀念與我國古人的學說頗多相似之處。葛洪在《抱朴子內篇》中說：「神丹既成，不但長生，又可以作黃金。」又說：「元者，自然之始祖，而萬殊之大宗也。」「變化者乃天地之自然，何為嫌金銀之不可以異物作乎？」東漢末魏伯陽的《參同契》也以為鉛是煉金最重要的材料：「故鉛外黑，內懷金華。」

拜占庭的煉金術著作很多，著名的撰人有奧林庇杜羅斯

（Olympiodoros）、赫利奧杜羅斯（Heliodoros）、斯提芬諾斯（Stephanos）等。拜占庭的煉金術傳到了阿拉伯，同時又直接傳入南意大利，威尼斯的聖馬可教堂藏有最早的拜占庭煉金術抄本。

關於阿拉伯煉金術的技術來源，學術界有兩種說法：一種認為自中國傳入，另一種認為傳自拜占庭。這裡稍為介紹拜占庭說的依據。

阿拉伯的第一本煉金術著作是耶茲特（Khalid ben Yezid，死於七〇八年，也有說是十世紀後期）從希臘語譯出的。耶茲特是敘利亞修士馬里亞諾斯（Marianos）的學生。當時隸屬於拜占庭的敘利亞有著煉金術的傳統，祕密武器「希臘火」就是敘利亞人發明的。

此後，阿拉伯人蓋伯（Geber，八世紀人）將波斯的方子加入敘利亞的配方中。蓋伯的父親是醫生；當時的煉金術與醫藥是分不開的，所以他對煉金術有充分的知識。蓋伯深信除了硫和汞，其他金屬都不能達到純粹仿金的程度。他的著作據說有一百多種，有些可能是偽造的。阿拉伯化學家都尊他為先師，他的阿拉伯名字是Hayyan ibn Jabir。阿拉伯人煉金術著作譯成拉丁文傳入歐洲後，遂使蓋伯名聞於世。據此看來，阿拉伯的煉金術受過敘利亞的影響似無可懷疑。自然，中國對它產生影響也是可能的。我們還必須注意，西方人把煉金術稱作alchemy，它源自阿拉伯語al-kimiya，al是個冠詞，而kimiya不是阿拉伯語本詞，是個借詞，源自希臘語khemeia,‧意思是「埃及技術」，因為他們認為煉金術最早見於埃及。

英國文化中的拜占庭成分

英國最早的居民是凱爾特人（Celts）。羅馬人一度入侵後，那裡留下了羅馬文化的痕跡。五世紀初，日耳曼人大量湧入，永久改變了這個島上的種族基礎和文化形態。這些日耳曼人主要由三支部落組成，即盎格魯人（Angles）、薩克遜人（Saxons）和朱特人（Jutes），於是出現了盎格魯—薩克遜文化。現在英國有許多地名與河名還保存著盎格魯—薩克遜語言的名稱，英語中的一周名稱Wednesday，Thursday，Tuesday都源自他們崇拜的神名，即Woden，Thunor和Tiw，因此星期幾的原義就是這天是這些神的日子。這些英國人到六世紀末改信了羅馬天主教。

在拜占庭眼中，所有的日耳曼人都是「野蠻人」，英國也不例外。拜占庭想渡過海峽去征服他們，顯然有困難，但有必要保持接觸，這樣可以取得貿易經濟的利益，並施加文化上的影響。七世紀初，亞歷山大教區的大主教因英國糧荒，組織船隊，運去大批糧食，帶回來黑色金屬和銀子。可見，至少在那時，已有了貿易往來。現在考古發掘盎格魯—薩克遜人的墓穴中，就發現有拜占庭皇帝阿納斯泰希厄斯一世標記的銀器，屬七世紀中葉文物。

八世紀時，希臘語開始在英倫三島盛行，愛爾蘭成為希臘研究中心，教堂的祝福儀式中也出現了希臘語。肯特（Kent）地方的新建教堂有圓頂，表明他們已受到拜占庭建築藝術的影響；英國的陶瓷技術是從拜占庭傳入，只是產品的風格具有地方特色；十世紀時，刺繡藝術帶有拜占庭式樣。

十一世紀末，諾曼人征服英國，大批英國貴族逃到拜占庭，他們受瓦蘭吉亞人（Varangians）軍團支配，成了傭兵。

但拜占庭文化繼續對英倫三島施加影響，並未因諾曼人的統治而中斷。著名的《溫切斯特詩篇》（成於一一六〇年左右）封面的兩頁圖畫，是直接模仿拜占庭風格，可說是將西西里—拜占庭的繪畫藝術發展到頂峰。這部《詩篇》是在一名溫切斯特的主教主持下完成的。一一五一～一一五二年間他在羅馬，熟悉拜占庭藝術。倫敦聖保羅大教堂的壁畫和坎特伯里（Canterbury）大教堂內聖安瑟倫小教堂所繪的毒蛇故事，都近似於西西里—拜占庭畫風。

十三世紀開始，拜占庭在英國的影響開始減弱，代之而起的是法國風尚。

將希臘古典納入教會框架

早在四世紀時，一位有很大影響力的教士巴塞爾（Basil）在一封信中教導青年應如何閱讀希臘著作。他說，這些非基督教的著作對人類的靈魂並非毫無用處，但怎樣投身進去是應當討論的。首先，關於各種題材的詩作，你不必毫無例外地都去閱讀，對於記載著一些有善行的人物，要盡可能去讀它，對壞人、壞事不要模仿，且要遠離這些作品，就像《奧德賽》中所說的「掩耳不聽妖女的歌聲」一樣。有穢言必有穢行，你的靈魂要時刻保持警惕，當心蜜糖中包含了毒藥，盡情享樂不是快樂。有些詩篇中，兄弟與兄弟相鬥，父親和子女為仇，都會使人變成野獸。再說散文，那些製造出來的故事不過是為了讀者的消遣而已；我們去模仿演說家的說謊技術，沒有一個法庭會認為謊話是合適的。宗教的誡命要求人們選擇真正的生活方式。我們應該去閱讀那些讚揚美德和嫉惡如仇的章節，這樣，

就像蜜蜂在花叢中汲取了營養，製成蜂蜜。

　　他的中心思想是以道德觀念作為前提，不能不加區別地任意去閱讀希臘古典著作。另一方面，它也反映了教會對非基督教文化採取了容忍的態度，他們不是禁讀，而是去引導。實際上，有許多教會人士對希臘著作也是很感興趣的，十一世紀時的拜占庭大主教莫羅普斯（Mauropous）讀了柏拉圖和普盧泰克的作品後，被他們高尚的道德情操深深感動，認為堪與福音書相比。他寫了一首詩《願基督將柏拉圖和普盧泰克從永罰中拯救出來》，大意是：願基督為了我而寬恕柏拉圖和普盧泰克，他們在指導人生的道路時都非常近似我們的教導；他們不知道是您統治著一切，在這種情況下需要您的博愛，只有通過您才能拯救一切。

　　教會既然採取了容忍的態度，認為柏拉圖和基督的倫理觀具有類似性和親和力，作家也隨之作出了反應。著名的文人、皇帝的祕書普賽洛斯對他的學生說，完全掌握希臘古典的概念，本質上說，是為了充分理解基督教。希臘人的思想應該通過基督教的啟示精神來領悟。普賽洛斯雖然認為哲學的重要性不下於聖經，但哲學應理解為在世俗和宗教領域中尋找真理的一個途徑。換句話說，他不認為哲學和神學是對抗的。他在另外一些信中，明確地指出：推理的過程並不和教會的教義相悖，而且研究古典著作不應玷污啟示真理的純潔性。他本人屬於新柏拉圖主義者。

拉丁文化的再現

　　一二〇四年，十字軍佔領君士坦丁堡後，在那裡建立了拉

丁帝國，它對拜占庭所產生的影響絕不可低估。人們在飽受劫掠之餘，不得不進行反思，為什麼都是基督徒卻要相互殘殺，而且如此慘烈？希臘化主義（Hellenism）能不能抵擋住「野蠻」的拉丁人？拉丁文化是不是一無可取？希臘化與拉丁化有沒有調和的餘地？這些問題至少在一部分知識分子心中是經常思考的。

　　事實上，古羅馬帝國的文化原是繼承了希臘的遺產，而且出現過像維吉爾（Virgil）、琉善（Lucian）、普盧泰克（Plutarch）等這些偉大的詩人、哲學家和史學家，其文化的優異是無可否認的，拜占庭也自認是第二羅馬。拜占庭建國初期以拉丁語作為官方的正式語言，文件用拉丁文書寫，大學中教授拉丁語。只是到了九世紀，羅馬教皇強要拜占庭教會隸屬於他，並且將一位有影響力的皇帝顧問福修斯（Photius）逐出教門，使東西教會成為仇敵，皇帝邁克爾三世才公開宣稱：「拉丁語是一種野蠻人和斯基泰人（Seythia）的語言。」從此，野蠻人成了拉丁人的代名詞。這一拉丁人的概念包括了一些信仰羅馬天主教的西方國家在內。

　　從羅馬教會來說，Hellenes（希臘人）一詞本身就表示「異端」。《聖經・哥林多前書》第一章中說：「猶太人是要神蹟，希臘人（中文本《聖經》譯為希利尼人）是求智慧，我們卻是傳釘十字架的基督。」整個中世紀的西方教會都輕蔑希臘人，這使拜占庭非常惱火。拜占庭皇帝不僅自比為《聖經》中大衛的形象，且以馬其頓王亞歷山大自訓，「希臘化主義」就是認同希臘的語言、文化和歷史。這也許有些浪漫氣息，或者說是修辭學的誇張手法，但無論如何，這就是他們的民族主義。君士坦丁堡陷落後，拜占庭帝國退居小亞細亞，一部分人鑒於對拉丁人的敵愾心理，更堅持「希臘化主義」，視它為一

種防範機制；將首都尼西亞（Nicaea）認同於雅典，學習希臘哲學的熱情空前高漲，甚至不再願意稱自己為「羅馬人」，寧可說是「希臘人」。另一部分人則出現了本文開頭所說的反思。他們在與拉丁人接觸中，發現拉丁人並不都是殘酷的軍人或狡詐的商人，拉丁學者研究亞里斯多德和柏拉圖的熱情並不亞於拜占庭。約翰六世（John VI，一三四一～一三五五年）的秘書基多納斯（Kydones）曾去熱那亞學過拉丁語。在那裡，他對拉丁人的傑出才能感到驚訝，以後改信羅馬天主教。還有一些人接受了托馬斯·阿奎那（Thomas Aquinas，一二二五～一二七〇年）的學說及其方法論，其中也不乏有鼓吹東西教會聯合者。

基多納斯將許多拉丁人的神學著作譯成了希臘文，包括奧古斯丁（Aurelius Augustinus，三五四～四三〇年）和托馬斯·阿奎那的著作。他談到閱讀這些拉丁著作後的體會說：「我讀了數頁後，決心將它們譯成希臘文，使我的朋友們不再輕信拉」人在文學方面不值一提。那個時代，我們心目中的這個名稱（拉丁），只是意味著水手、商人、工匠。請相信，他們曾經獨佔智慧，為柏拉圖感到驕傲，而我們卻將他們置在野蠻人的範疇，似乎他們只會戰爭和從事小商業。」的確，要是人們讀過托馬斯·阿奎那那卷帙浩繁的《亞里斯多德注疏》，就不會以為他是「野蠻人」了。基多納斯譯作的出現成為一個轉折點，又將拉丁文化傳入拜占庭，使許多人文主義者的興趣從希臘轉向意大利。這並非表明他們徹底放棄了「希臘化主義」。基多納斯在一三九五年訪問意大利時，公開闡明自己的觀點：「所有拉丁學者和他們的學說都源自希臘文學。」

十三世紀時，法蘭克人的騎士文學傳入，影響到拜占庭文學中出現了許多愛情詩歌。西方的一些傳奇文學也是拜占庭人

汲之不盡的源泉，刻意模仿或改編。「拉丁熱」的另一個影響是帶動了重新認識西方。

曼紐爾二世（Manuel II，一三九一～一四二五年在位）曾訪問過西方各國，留下了記載。他說：德國人勇敢而極富耐心，他們的工業技術突出，並且自誇是世上已流行的火藥和大炮的發明者。法國有許多漂亮的城市，尤其是巴黎，富麗而奢華，他們的語言、習慣與意大利人相差無幾，並自稱是西方國家中最優秀者；不幸的是，常和英國發生戰爭。英國由三島組成，雖果樹不豐，然盛產小麥、大麥、蜂蜜、羊毛，其法律限定國王的權力，常受外敵與內亂之困，百姓勇敢，且耐艱辛，有客來至，婦女、女兒均出而表示歡迎，風尚好客。

東西教會這時本有和解的可能。西方的拉丁人發現拜占庭實是豐富的希臘古典寶藏，學者們可利用它，在各大學教授希臘語和古典著作。拜占庭也開始熟悉拉丁人的神學著作，並認識到可收為己用。

一四三八年，雙方的主要宗教領袖在佛羅倫斯召開宗教會議，討論聯合事宜。雙方簽訂了教會統一的協議。事後拜占庭一部分教士強烈反對，遂使協議成為一紙空文。

使莫斯科成了第三羅馬

十世紀時，東方的斯拉夫人對拜占庭已構成嚴重威脅。早在八一一年，奈塞弗勒斯一世被保加利亞的斯拉夫人戰敗，慘遭斷首示眾的厄運。拜占庭認為使斯拉夫人基督教化是個上策，此舉能使他們接受拜占庭文化，化敵為友。先是在八六三年，由牧首福修斯（Photius）派遣西里爾（Cyril）和美多迪烏

斯（Methodius）前往摩拉維亞的斯拉夫人中傳教，為他們創製了字母，又將聖經譯成斯拉夫語。當時，居住在德聶伯河流域，以基輔為據點的羅斯人尚未皈依東正教。

十世紀時，大量羅斯商人來到君士坦丁堡貿易，在帝國的陸海軍中又有許多羅斯和斯拉夫人傭兵，拜占庭的影響開始滲入到他們中間。九五七年，基輔大公奧爾加（Olga）到君士坦丁堡接受了洗禮。雖然這還只是她個人的皈依，說不上對整個羅斯人有多大的影響，比如她的兒子就沒有改信東正教；但到了四十年後，她的孫子符拉基米爾信仰東正教，東正教會便在羅斯站穩了腳跟。

俄國最早的史書《聶斯托編年史》（Chronicle of Nestor）對符拉基米爾的信教經過這樣記載：大公接待了有不同信仰的代表，包括羅馬天主教徒、東正教徒，猶太人和穆斯林，並向他們詢問各教情況，以便作出決定。這時，羅斯的使節們從君士坦丁堡回來，他們聲稱：「在羅馬，我們看到了最美麗的事物；但是在君士坦丁堡，超過了人們的理解。」這樣，大公選擇了希臘人的東正教。九八九年，他在赫爾松被俘，接受了洗禮，並與一位皇室的公主安娜結婚。在他回到基輔後，即下令所有臣民改信東正教。

符拉基米爾信教後，拜占庭與羅斯的關係果然大見改善。基輔新造了許多教堂，大批教士從拜占庭到來。他還邀請了拜占庭的建築師和畫家來進行裝飾。學校在拜占庭的老師們指導下進行教育。九九一年，基輔正式建立了大主教區。

他的兒子雅洛斯拉夫（Jaroslav）即位後繼承父志，在基輔大興土木，完全按照君士坦丁堡的模式，例如，也有索菲亞大教堂。西方作家稱這個城市是：「君士坦丁堡的複製品，最美麗的希臘裝飾品。」他所要求的一切，都希望拜占庭能給予

滿足，於是修士帶來了修院規則，唱詩班領唱人教導他們如何唱詩，手工藝者鑄出了第一批羅斯錢幣，建築師和畫家為索菲亞大教堂配製了鑲嵌畫作裝飾，使它完全成為拜占庭式教堂。

那時的俄羅斯教會屬拜占庭教會管轄，強大的俄羅斯帝國既已興起，教會也有獨立自主的意向。十五世紀時，拜占庭為了乞求教皇支援，共同對付土耳其人，約翰八世在一四三七年親自到意大利參加會議，商討東西教會的聯合問題，一四三九年七月通過佛羅倫斯決議，宣布兩大教會聯合，羅馬教會享有最高權力，拜占庭教會處於從屬地位。這一決議激怒了俄羅斯教會，遂在一四四八年自選牧首（以前是拜占庭教會委派）。從此，俄國的東正教會自拜占庭教會中分離出來。

拜占庭帝國滅亡後，其教會的影響力顯然縮小，俄羅斯以鞏固和發展東正教為己任，出現了著名的「第三羅馬」說。首先提出的是十六世紀初普斯柯夫的俄國修士菲洛提烏斯（Philotheus）。他說：古代羅馬的教會沒落於異端信仰；第二個羅馬——君士坦丁堡，它的大門被土耳其人用斧子劈開；只有莫斯科的教會是新的羅馬教會，它的教堂的光輝甚於太陽，照亮著整個宇宙，它主宰著全世界的基督徒。兩個羅馬損落了，只有第三個羅馬堅挺著，不可能再有第四個，基督徒的王國永遠不會給予他人。他的話有些說過了頭，不過教會史家承認，受拜占庭影響建立起來的俄國東正教會，確實對基督教的傳播作出了貢獻。我們還得引用法國拜占庭史家狄爾（Diehl）的一句話：正教會在斯拉夫人中的傳播發展，「是所有拜占庭成就中最偉大的一項。」

莫斯科成為第三個羅馬也非虛言。拜占庭帝國亡於一四五三年，它的末代皇朝一位公主蘇非婭（又稱佐伊）在一四七二年嫁給了莫斯科的伊凡大公（Ivan Ⅲ）。這項婚姻把拜占庭的

朝儀引入莫斯科，伊凡大公稱「沙皇」（Czar）的這個名詞就是由「凱撒」（Caesar）而來。他決心使俄國成為拜占庭的繼承者，把拜占庭的雙頭鷹紋章認作本國的紋章，並聲稱自己是拜占庭皇帝的繼承人。他的首都是君士坦丁堡的延續，莫斯科的克里姆林宮牆內也有教堂和修院，就像君士坦丁堡一樣。

Chapter 7
生活的智慧

閹人的喜悅

　　閹人起源於東方，古代的中國、印度、波斯、以色列等國均早就出現，但情況各有不同。《新約·馬太福音》中記載耶穌對門徒說：「有生來是閹人，也有被人閹的，並有為天國的緣故自閹的。」公元二世紀時的基督教神學家奧列金（Origen）正是根據上面所說的後一句話自閹了。希羅多德說：「在異邦人眼裡，宦官比正常人值錢，因為他們對宦官完全信任。」（《希羅多德歷史》中譯本）所以在有些國家中，並非都是因貧窮或獲罪才當了閹人。所謂閹人，在西方的概念中指三種類型的人：一種是除掉生殖器，另一種僅去掉睪丸，還有一種是擊碎睪丸。去勢的人都像去勢的動物那樣，一般顯得身材特別碩壯。

　　羅馬帝國時代，閹人是進口商品，被列在貨物單上。羅馬人買進閹人後作為奴隸使用。拜占庭帝國的閹人最初也是外邦人；從九世紀開始才有了本土出生的閹人，而且越來越多，其原因是皇帝對他們的寵愛。他們不能生兒育女，當了近臣後，不會篡奪王位，傳子傳孫。在旁人看來，他們沒有貴族血統，由他們當政或許會真正實現文官政治。到了十一世紀，閹人成為一個舉足輕重的集團，在政治上有重要的發言權。他們不像我國的閹人在朝廷中僅能當一名太監，而是身居高位，兼及僧俗。僅是一〇二五、一〇八一年間，閹人中至少有三十位在文官和軍事機構中擔任重要的職位。例如：尼古拉（Nicolas）擔任過野戰軍司令，他曾拯救過名城安提俄克，使它免淪於埃及軍隊之手。尼堪塔（Nicetas）曾任安提俄克總督。還有像巴息爾（Basil）、布林格思（Bringas）、巴恩斯（Baanes）等閹人，在皇帝出征時，他們代為處理國家事務。有些人甚至擔任

了君士坦丁堡的主教，最著名的是邁克爾四世（一○三四～一○四一年在位）的兄弟約翰。他不知是何原因成了閹人，而且成了皇帝最親近的內侍。拜占庭作家普賽洛斯（Psellos）經常參加宮廷宴會，目睹約翰追隨皇帝左右的情況，留下了記載。他說：約翰日日夜夜侍衛皇帝，從不放鬆警惕。當他參加宴會和各種儀式時，注視著與會者的每個動作。人們都懼怕他，擔心不知什麼時候會被他抓去。他又穿著僧袍，一心要當主教。邁克爾四世死後，繼位者憂慮約翰權力過大，將會篡位，就將他放逐到修道院去。

宦官掌權並非全是因為有了個懦弱的皇帝，或是通過諂媚的手段博得恩寵。皇帝確實需要他們。宦官通過各種途徑，可獲得重要信息，這在深居宮中的帝皇是無法知悉的。各地的總督、主教、貴族也需要他們作為中介，向帝皇提出各種請求或寬恕，其間免不了要送些什麼，宦官因此積聚了大量錢財。宦官不必擔心他們不能享受家庭的天倫之樂。利奧六世（八八六～九一二年在位）曾公布一個敕令，允許閹人養子。他說：只有這樣，他們才得成為父親，得到子女們的照顧。他們已經失去性功能，再剝奪他們作父親的權利是不人道的。

競技場的狂熱

沒有什麼娛樂能像競技場那樣，更能使拜占庭人民興奮得如醉如痴了。競技場就在皇宮附近，只有在重大節日時才作為娛樂場所。最激動人心的是馬車比賽。開幕之日，皇帝和他的近臣身穿紅袍，坐在為他們特設的座位上。皇后和她的僕人則穿綠袍，也有專座。然後各種弦樂奏起，競技開始。一天的賽

馬競技有二十四次，馬車上鑲以金飾，兩輛馬車每次要環繞一哩半的賽道七次，才決定勝負。中間休息時則有各種雜耍，如爬繩索、拳擊《角力、人獸相鬥等。

　　據當時的一位目擊者馬衛集（Marvazi）記載，勝利者如屬於皇帝一方，群眾會歡呼：「我們必勝穆斯林。」如果皇后一方取勝，皇帝就不無憂慮地說：「穆斯林將戰勝我們。」賽馬競技變成了具有象徵性的政治預言。另一位六世紀時的作家描述賽車時的情景說：狂熱將人們的靈魂燃燒到了不尋常的激情高度。全城居民分成兩派；一派的賽車失敗了，半個城市為之悲痛。沒有競技場，人生無歡樂可言。

　　競技場還是一個公眾集會的場所，群眾可以在那裡議政並進行各種活動。公元五三二年一月，在那裡所發動的一次中下層平民掀起的暴動幾乎推翻了帝皇的統治。群眾在競技場直接向皇帝提出質詢，憤怒的情緒迅速蔓延開來。他們準備另立新帝，並進攻皇宮。最後是軍隊鎮壓了競技場的群眾，三萬具屍體鋪蓋在這一地區。

綠黨和藍黨

　　拜占庭人愛享受、愛競賽，似乎沒有競爭對手，生活就顯得乏味。他們常將志同道合的人集合在一起，結成一個派別，就像參加某一俱樂部一樣。其中最重要的是綠黨和藍黨。競技場中，可以看到兩派不惜花費大量金錢造勢，以支持自己一派的馬車。一派勝了，歡聲雷動，另一派則是頓足嘆氣。通常，綠黨的座位在競技場的左邊，這是榮譽席，顯示出綠黨的優勢。後來，連皇室也捲進了綠黨與藍黨之爭，有的支持這一

派，有的贊成那一派，從而引發了政治上的紛爭和對抗。不過，不管他們之間的意見如何分歧，一當外敵入侵時，總是一致對外。歷史上對他們的評價不一，有的說兩黨的出現體現了希臘的民主精神，有的說是他們造成拜占庭的無政府狀態。

同時代的東羅馬史家普羅柯庇阿斯（Procopius）《戰爭史》中的一段話可供我們參考。他說：「這些黨派成員與他們對手的鬥爭，並不清楚是什麼理由會促使他們以生命作賭注。他們毫無理由地僧恨自己的親屬和朋友，只是由於他們參加了另一派。由我看來，他們的靈魂是病態的。」要說有這麼多的人都是病態，恐怕也不符合實際。也許競爭、競賽正是他們生活的樂趣，其中也有經濟利益的原因。在拜占庭，還有紅黨和白黨，他們人數不多，影響甚微。紅黨與綠黨有聯繫，白黨與藍黨有聯繫。

綠黨和藍黨又各白代表其經濟利益。綠黨的首領通常是富裕的商人，他是貿易商、工匠、鞋商、水手的代言人；藍黨的領袖是地主貴族。他們在經濟利益上的衝突主要表現在稅收方面。藍黨總是想把沈重的土地稅轉移到城市商人身上，綠黨則持相反態度，予以抵制。雙方又各有後台：藍黨的支持者是元老院，綠黨的支持者是財政官員。但元老院有名無實，財政官員有實權，所以政府常偏袒綠黨，讓他們在競技場上坐在左邊的榮譽席。兩黨的對立代表了城市中產階級和地主貴族的矛盾。但雙方又不是始終處於對立，除了人敵當前要聯合起來一致對外，遇到國內出現政治危機時，也會團結起來。公元五三二年所發生的「尼卡（Nika，意思是勝利者）暴動」是因群眾不滿稅收而引起的，兩黨都參加了。

到七世紀末，競技場衰落了，兩黨的政治熱情也減退了，於是雙方和平相處，有時在宮廷的儀式中出現，以不同的服色

作為觀賞的趣景，有時作為檢閱隊伍中的一支部隊，博得圍觀者喝采。他們的服飾很奇特，既華麗又粗鬆，人們稱之為「匈人式樣」，可能是從匈人文化中移植過來。

講究服飾

十世紀時，有一位德國使者來到君士坦丁堡。他對當地居民衣衫襤褸感到驚訝，甚至在嚴肅的帝王行進儀式中，跟隨的群眾也是衣不遮體。同時代的阿拉伯地理學家伊本‧霍克耳（Ibn Hauqal）也持有同樣的印象。但是到了十二世紀，一位猶太人旅行家便雅憫（Benjamin of Tudela）行經君士坦丁堡時，發現當地群眾的服飾並不遜於王公。另一位名叫鄂都（Ode）的人，詳細記載了他們的絲綢服裝和珠寶掛件。這說明拜占庭的財富到了十二世紀，有很大的積累，居民生活也富裕起來主曰賽洛斯描寫當時一位貴婦人的打扮是：「金子環繞著項頸，腕上帶著蛇形鐲子，耳環是珠寶鑲成，腰帶因有黃金和珠寶而閃閃發光。」男子們不喜歡

穿袍服，平時總是穿著緊身衣，上衣和褲子都縫製得很貼身，就像個運動員。這不僅是為了美觀，而且行動也比較方便。有些人還戴著假髮，髮長一直到腰部。當然，在封建社會中，服飾也有等級的差別。紫紅色代表王室，不是隨便什麼人都可穿紫紅色袍服。農民和手工業者通常穿短外衣，只有王公貴族才能穿長外衣，但服飾的差別並不如宮廷那樣嚴格。在宮廷中，官服是品位的鏡子。通常，主要文官和地方總督服用黑白相間的上衣，象徵「司法之斧」；黑色表示非法，白色是合法，以示是非黑白，不容混淆。品位高的王族穿藍靴，次於他

們的則著綠靴、綠袍。

　　從衣服的質地來看，毛織物是最廉價的，講究的都用絲綢、棉布和亞麻布，因為這些原料或製成品是進口的。生絲來自中國，棉生產自印度，由阿拉伯人販運而來。亞麻是埃及的特產，埃及人總用亞麻布包裹屍體。拜占庭人趕時髦，愛用進口貨，其心態如同當代人一樣。當時棉布的價格貴得嚇人，希臘所生產的棉製品，一兩棉布等同於一兩金子的價格。因此，十字軍遠征東方時，最垂涎的貴重物品就包括了絲綢和棉布。

　　愛時髦的另一種傾向是奇裝異服。在這方面，安特魯尼科斯一世帶了頭。他在出現於公眾面前時，不穿金色袍服，而是普通民眾的打扮，外衣是黑色的、上下分開，上衣長至臀部，白色的靴子高到膝部。他並且喜歡戴金字塔形的煙灰色帽子。最時髦的是模仿匈人的打扮，頭上戴著尖頂、以皮毛鑲邊的帽子和頭巾，衣袖寬而袖口緊，並留著鬍鬚和小鬍子，前頂剃光。正統的希臘化主義者反對這種模仿「野蠻人」的習尚，但它對年輕一代卻頗具吸引力。此外，波斯人的袍服式樣在正式慶典上經常出現。總之，在服飾方面，相當長時間內流行「東方熱」，意味著東方服飾文化具有特殊的魅力。

　　城市中還有許多貧民和乞丐對衣著是無權選擇的。

沐浴的糾葛

　　拜占庭有公共沐浴場所，平民常去消閒。沐浴不僅益於身體健康，且一日工作之餘，可在沐浴場所與朋友閒聊，談天說地，更有輕鬆愉快之感。教會人士卻不這樣看，他們認為沐浴是講求肉體享受，是一種墮落行為、一種罪惡。《聖經》上

說：塗香油是神聖之事，一般人豈可任意沐浴、塗香料。有一位君士坦丁堡的主教尼古拉一世說：臉部髒了是可恥的，但不必去關心身體其他可見或不可見部分是否髒了。因此，公共浴室一度關閉。但不久又重新開業，因為居民有此需要，如果沒有這一休閒場所，他們只能去小酒店，在那裡酗酒或觀賞色情表演。六世起時，查士丁尼皇帝的妻子齊奧杜拉原來就是小酒店中的脫衣舞女。政府允許人們去酒店而不讓其去沐浴，這個道理很難說得清，所以公共浴室還是恢復了。

這種浴室是用爐膛加熱的一種蒸汽浴，現在的土耳其浴脫胎於此。男女的沐浴日期是分開的，女子是星期三和星期五，其餘的日子歸男子享用。開明的醫生常勸告病人每星期應有兩次沐浴。教士們後來也破了不沐浴的戒，不過沐浴的次數較平民為少，大抵為一個月兩次或一年三次，也有的每月一次。有人嘲笑教士去沐浴是將帽子加熱，以免傷風；也有人說，教士沐浴次數少，是因為他們習慣於用淚水來洗。這些，我們只能視作編造出來的笑料。總之，當時教會和平民對沐浴的態度是不同的：平民講求衛生，卑賤者更聰明。

食不厭精

我國古人的養生之道重視飲食，食不須多味，每食只宜一、二佳味，若一飯而包羅數十味於腹中，五臟亦供役不及，傷胃傷神，故歷來視暴飲暴食為禁忌。拜占庭教會人士的生活一般都很樸素，飲食只是少量的麵包和水而已，而且教會規定每天只能兩次進餐。以後社會上的風氣轉變，飲食追求精緻，影響所及，教會也不例外。

一一三六年的一份教會規定事項詳細列出了一年的菜單，其中規定星期六和星期日可供應三碟，一碟新鮮蔬菜，一碟乾菜，另一碟是穀類和洋蔥，再加上一些橄欖油調料，晚餐還是麵包和水，有時加些蔬菜和水果。這算不上是大吃大喝，只是食品更精緻些，也符合營養要求。

大概從十一世紀後半葉開始，一部分人對飲食產生了濃厚的興趣，著名的文人西門·塞特（Symeon Seth）編了本《食譜》，詳細劃出了哪些食品是有益的，哪些是有害的。另一位作家列出的菜單和調味料包括胡椒、黃蒿、蜂蜜、橄欖油、醋、鹽、草藓、芹菜、韭蔥、萵苣、菠菜、鵝爪、蘿蔔、白菜、甜菜、杏仁、石榴、栗子、蘋果、葡萄乾等。以蔬菜和水果為主，品種則增加了不少，可見飲食習慣向著精的要求發展，但還是兼及營養。

下面摘錄兩段塞特的《食譜》，就清楚他們是怎樣注意飲食營養的。

「黃瓜。以前稱作瓶形葫蘆，一級品，性寒、多汁。將它擠成流汁，不僅有害健康，且其味不佳。你應當選擇小黃瓜。它們利尿；如果你發熱高燒，它們會降低體溫，性質平和。但如經常食用，會減弱器官功能，性慾不振。黃瓜的乾籽性溫，能產生相反的效應，特別有助於利尿。

「牛油。性溫，富於營養。對胸、肺有益，有利於將口液排出，傷風感冒時也可防止咳嗽。食用過量會刺激腸胃。存放越長，其性越溫，其營養尤甚於橄欖油。對體弱者來說，它促進消化且能排汗。有腫脹者以此塗敷，也有療效。也能減輕兒童牙痛。食用過量，有時會引起嘔吐，食慾減退。」從中可以看出他們主張食不過量。這是符合營養原則的。

拜占庭人嘲笑那些拉丁人只知道將大塊牛肉放在大鍋中

煮，或者用許多豆子來煙薰肉類，或者是一股衝鼻的大蒜味，絲毫不講究烹調藝術。當然，就帝王的宴席來說，拜占庭的皇帝並不遜於拉丁人。有人記載了艾薩克二世宴會上的奢侈場面和狂歡情景。但這只是帝王的荒淫生活而已，與飲食時尚全然無關。

無神論基督徒

基督教是二世紀開始傳入敘利亞的。敘利亞在公元前一世紀被羅馬人征服，基督教傳入後，在該地首府安提俄克設立了大主教區。此地後歸拜占庭帝國統治。由於它的文化特殊性，如通行的語言以敘利亞語為主，長期受到猶太教的影響，因此歷來是異端的大本營，聶斯脫里派、保羅派、一性論派都在那裡盛行過；他們反對聖像也是不遺餘力的。

六世紀時，在敘利亞和巴勒斯坦出現一種異端，領導人是鈹利亞的修士斯蒂芬·巴·蘇達利（Stephen Bar Sudaili）。他是埃德薩人，曾在耶路撒冷附近的一個修院中度過好多年，在那裡冥思苦想，豁然開朗，認為自然的本質是最重要的，其他一切都是過眼煙雲。他有一句名言：「上帝將消失，基督將不成為基督，聖靈將不能稱為聖靈，存在的只有本質。」

他的某些觀點類似於三世紀神學家奧利金（Origenes）的學說。奧利金也是個被定為異端分子的人（儘管他處處為基督教辯護）。他認為神學家可以隨便討論這樣一些問題，如：靈魂究竟是從精液來的，或是從烏有中造出的，還是先前早已存在的？這個世界產生之前可有什麼？天使們何時受造，他們是

什麼？星辰有魂魄嗎？後來，一些神學家認為，正是奧利金的學說將神學導入了誤區，到六世紀時產生了「虛無主義的泛神論」（Nihilist Pantheism）。它所指的即是斯蒂芬・巴・蘇達利。

　　他還有一些論點也是教會所不能容忍的。例如說：「復活了的肉體是個球形。」這等於否定復活。「星辰最生氣勃勃，它直接作用於我們的世界。」無疑將自然現象放在第一位。「人人都能為基督。」否定了救世主的意義。查士丁尼一世於五四三年，在君士坦丁堡召開教務會議，公開譴責斯蒂芬・巴・蘇達利及其追隨者。

　　斯蒂芬・巴・蘇達利顯然受過先前的敘利亞學者的影響。三世紀時，敘利亞的偉大作家巴代薩納（Bardasanes）早就相信，人的肉體受到星辰的影響，是不能復活的，即使是救世主的肉身也不是不能死的。巴代薩納是讚美詩的鼻祖，他將每首詩分成若干詩節，每個詩節的音節相同，唱讚美詩時伴以音樂，以便吸引群眾傾聽他的學說。

一個教士的奇行

　　拜占庭的教會和其他教會一樣，總是舉辦一些慈善事業，希望富有者經常捐助。據說捐助者或施捨者因此可使他們的罪過得到赦免，靈魂得到拯救。也許他們也認為「為富不仁」，靈魂上總有些污點，懺悔固然可以贖罪，最重要的是實際行動。教會所得到的捐贈，不完全用於創辦醫院、孤兒院和養老院，教會本身也得到好處，可利用它興建新的教堂。有些中世紀的寺院因此成了大莊園，其剝削行為也是驚人的。不論教會

的動機如何，在教士中確實有不少是真正慈愛為懷，助人為樂的。亞歷山大主教區的主教約翰是個有獨特奇行的人，他不是靠遊說、勸導來集資，而是以其智慧服人。後來人們尊他為聖徒。

這位有德行的主教住在一間小屋內，生活簡單，只有一張陋床和破舊得可以的蓋被。一次，一個地主去訪問他，見他如此寒酸，就命人送去一條價值三十六金幣的新被。他以為約翰蓋了新被，就會時常想到他。約翰拗不過地主的堅持就蓋了。晚上他不斷對自己說（這是侍候他的教士聽到的）：耶穌基督的修士們都在忍受寒冷，我能安心蓋著價值三十六金幣的新被嗎？有多少人此時正在牙齒打顫？有多少人因被子太短而蜷縮成一團？還有多少人住在山上飢寒交迫？一個金幣可買到四條普通的蓋被，這樣我豈不是占有了一四四條蓋被？次日清晨，他將這條蓋被出售了。那位地主在市場上見到這條新被，又花了三十六個金幣買回來送給他。次日，約翰又將它賣掉，地主又買回。這樣一去一回，持續了好幾天，地主不免發出怨言而罷手，約翰因此得到許多金幣。他認為：為了窮人，設法把富人口袋裡的錢掏光也無罪過，特別是對那些沒有心肝的吝嗇鬼，拿了他的錢也就是拯救了他的靈魂。

神祕主義的盛行

十三世紀時，拜占庭教會內部突然興起了一種神秘主義（Hesychasm），很快就吸引了大量群眾，甚且得到皇帝的支持，成為主流派。

Hesychasm的原義是指隱修，而神祕主義者使用這個名詞

則指用運氣方法，即以心靈的祈禱，達到與上帝直接交往。它之所以受群眾歡迎，因為毋需遵循繁瑣的儀禮教規，也不必依賴教會才能得救。與上帝直接交往的基本動作是：先使自己處於小屋內，閉上房門，坐在角隅，使自己排斥一切雜念，然後將鬍子和下巴緊靠著胸，視覺和思維集中到腹部靠近肚臍的部分，尋找心靈的位置。最初會覺得處於黑暗的境界，很不舒服，但如果早晚都堅持著，據說就會產生不可言喻的歡樂感。這時靈魂發現了心靈的位置，於是進入神祕的太空光明境界。光明境界是心平氣和的產物，也就是最完善的上帝之本質。

　　這種神祕主義的理論依據，無非即是「上帝常在人心」，「上帝即我心」，「我心即上帝」，帶有泛神論傾向。但是非物質的存在如何通過心靈觀察到，實在有些不可思議，也可能只是幻覺或幻想。它是否受到東方神祕主義的影響，還不清楚。這種神祕主義的發源地在馬其頓阿索斯山（Athos），領袖是派拉瑪斯（Palamas）。另一名修士巴拉姆（Barlaam）曾去阿索斯山訪問，發現了他們將靈魂放在肚臍眼上的這種信念，斥為荒謬絕倫，是一種異端。而且他們將上帝分為可見的上帝與不可見的上帝，也是不能寬恕的。雙方各有一大群支持者，其辯論達到白熱化程度，幾乎引起內戰，最後因約翰六世公開表示贊同神祕主義，使該派取得勝利，巴拉姆被迫離開，往意大利。派拉瑪斯於一三四七年被選為薩洛尼卡大主教。

　　約翰六世之所以支持神祕主義，並不在於斷定神祕主義操作方式的合理性，而是有其政治目的。他的意圖是不要糾纏於希臘化主義或拉丁化主義哪個重要，羅馬教會與拜占庭教會哪個正統。神祕主義是超國家、超民族的，如果為其他國家或其他民族所接受，無異就能擴大拜占庭的影響。為此，他同時呼籲東西兩個教會聯合起來。派拉瑪斯本人受人歡迎的另一個原

因是：他講道時經常抨擊高利貸者，同情貧民所受到的不公正對待。他自己過著簡樸的生活，不像有些修院那樣擁有大量的田產、莊園。神祕主義並傳到了俄國，基輔大主教塞普里恩（Cyprian）是派拉瑪斯的追隨者。在他的影響之下，這一派數世紀來一直堅持派拉瑪斯的傳統，反對修院擁有領地和農奴，認為這種貪婪性有背修院生活的理想。

修院制度在拜占庭早就存在。他們主張禁慾、苦行、默思；通過默思，最終取得人與上帝的真實聯繫。這也是一種神祕主義，但他們著重祈禱，每天要集體祈禱六次，認為不祈禱是無法取得真果的。這與派拉瑪斯所倡導的神祕的靜修方式有顯著的不同。修院如何進行默思？根據後來的耶穌會創始人羅耀拉（Loyola，一四九一～一五五六）的說法，默思當分四個階段：首先默思自己之罪，其次默思耶穌在地上所要設立的天國，第三默思耶穌之死及其為人類所受的痛苦，第四默思上帝之愛。可見，他們認為「罪」是頭等重要的。

勸人不要留客

現代一般西方人士不大喜歡客人留宿在自己家中，或者至多留宿一、兩天而已。他們或者因工作忙，不便招待；或者嫌麻煩，招待不周，反有怨言；也有的是家庭情況不願讓外人探知，雖屬至親好友，也不例外。這種風氣不知溯自何時？有人以為這是社會現代化的必然結果：構成社會的基本核心是家庭，組成家庭的成員越來越減縮，連父母都別居他處，更別說親友了。同居在一層公寓的鄰居，相見時點點頭而已，沒有串門子的習慣。其實，在中世紀的拜占庭就有了不留客的習慣，

十一世紀出版的《手冊》道出了個中原因。

　　書中說，如果你有一位外地朋友來到你居住的鎮上，你不必安頓他住在你家，讓他去別處。你可以送給他一些他所需要的東西，他會很感激你。如果住在你家，你會遇到許多問題。其一是你的妻子、女兒、媳婦就不能進進出出照顧你，她們要迴避。你的朋友或許會伸長脖子窺視究竟。當你在場時，他裝作只是和她們打個招呼，然而只有他和她們在一起時，他會好奇地注意到她們怎樣走路，怎樣轉身，以及她們的緊身褡和目光。一句話，他將她們評頭論足。然後他會瞧不起你的僕人、你的餐桌和你家中的擺設。他或許還會問你收入多少，你還有些什麼。一當機會來了，他會流露出愛慕之情，追求你的妻子，極力引誘她。一旦他離開了，又會自誇自吹，告訴人家他幹了些什麼；即使他不說，與你有矛盾的敵人也會渲染張揚開來。這本書中還舉了個例子：某人趁由人不在時，與主婦發生了關係，弄得那個女子名聲掃地，主人也蒙羞遭辱。

你要遠離宮廷

　　拜占庭的文化層次由三個部分組成：95％是未受過教育或文化程度很低的人；另一部分是一般文化程度；極少部分是社會的精英。這些精英人數雖少，能量卻很大。他們進高等學校，學的是希臘哲學、語法和修辭學，重視希臘文化傳統。最近有不少學者認為歐洲的文藝復興或人文主義實始於十一世紀的拜占庭。法國學者勒梅爾寫了一本《拜占庭的人文主義》（一九七一年），希臘學者尼阿柯斯寫了一篇《十一世紀拜占庭文藝復興的哲學背景》（一九七九年），另一位學者塞頓的

重要論文是《意大利文藝復興的拜占庭背景》（一九六五年，一九七四年再版）。這些精英確實頗有古希臘的遺風，重視人的尊嚴，不願趨炎附勢、喪失人格來獲得榮華富貴；他們對宮廷中某些人物的鞭撻並不下於我國歷史上正直的史官。前面所提到的史家普羅柯庇阿斯就毫不容情地揭露了西奧多勒皇后色情表演的醜態。

　　一本凱柯曼努斯所寫的《手冊》中，教導人們應遠離宮廷。這本書是他寫給子女閱讀的。他說：如果你已有了自己的土地，你就是它的主人。切不要受金錢、榮譽和皇帝的允諾所誘惑，將你的土地獻給皇上以換取財富和地位。即使你的土地很少，也應保全。你寧可作為一名具有獨立人格的朋友，而不必去當沒有自由的皇帝之奴。只要你掌握了自己的土地，你的子子孫孫都是如此，那麼在皇帝和世人眼中，你不失為一個受到尊敬的人。一旦你交出了土地，跟隨著帝王，當時雖然會受到皇帝的寵愛，但你立刻會受到蔑視而被認為失去了價值，你不再是皇帝的朋友，而是他的奴僕。從此，你的下屬也顯得可畏了，你如果不博得他的歡心，他就會羅織你的罪名，跑去向皇帝告發。切切記住，你應當留在自己的土地上，同時尊重皇帝。如果你想效忠皇帝，你就立刻去吧！從此你就成了僕人，而不再是朋友。

不知疲倦的亞歷山大

　　四世紀時，有個享有盛名的亞歷山大，他棄官不做，甘願到沙漠中靜修，或者領著唱詩班奔走各地。但他又反對教會，常使神父為難。窮人卻擁護他。人們給他起了個雅號：「不知

疲倦的人」。

　　他早年在君士坦丁堡受過良好的教育，後踏上官場升居高階。他研讀聖經之後，決心拋棄世俗生活，到修院中受業於一位敘利亞修道院長，在那裡耽了四年。有一天，他問修道院長：「福音書中講的都真實嗎？」修道院長認為他受到魔鬼的引誘，叫其他修士為他祈禱。可亞歷山大還是發問：「福音書中講的都真實嗎？」院長答稱：「當然！這是耶穌基督的語言。」亞歷山大說：「那麼人們為什麼不按照他的吩咐去做呢？」他根據聖經來爭論，但無法說服他人，於是離開修院，去沙漠中，在那裡度過七年。當他反覆思考《馬太福音》中的「你這又惡又懶的僕人」這句話後，懷疑起自己離群索居的行為是否正確。於是來到一個繁榮的城鎮，放把火將異教徒的寺廟燒了，異教徒就襲擊他：只因為他原本是修士，教會就給予保護。一些正統的教徒認為他的此舉值得讚揚，要推他為主教。他再次遁入幼發拉底河彼岸的沙漠中，在那裡生活了二十年，白天祈禱，晚上睡在木桶中。

　　他已遠近聞名了，四方的修士聚集在他的周圍，其中有敘利亞人、希臘人、羅馬人、埃及人等。他將他們分成四個唱詩班，最初每天唱四小時，後來發展到白天七小時，晚上七小時，不斷讚美天使。據說他因此產生幻覺，似乎感動了上帝，答應天使必將來到人間。他號召信徒不必從事生產，否則會受到世俗的誘惑。他帶領唱詩班到埃及傳道，要使異教徒皈依他的門下。這些修士甚至數天不食，使一支帝國的軍隊深受感動，也加入他們的隊伍。他們又到帝國邊境各地去唱詩，又吸引了大批修士和貧民加入他們的行列。然而，人總得靠食物維持生活，他們不事生產，只得沿途乞討，懇求施捨。人們驚異地探問，從哪裡跑來這一大群乞丐。有些城市關上城門，拒絕

接納：「如果我們餵飽了他們，我們就得餓死。」一次，他們到了安提俄克，被人們用棍棒逐出。可是到了晚上，他們又潛入城內，宿於廢棄的浴桶或他處，繼續大唱讚美詩。許多平民離開教堂來聽他們吟唱，投入大量施捨。亞歷山大將這些錢財用來建立一個收容所，專門接納貧民。有些富人也接受他的勸導，將債權文件焚毀。政府和教會視他為眼中釘，不斷對他追逐、迫害。他浪跡天涯，最後在黑海附近的高蒙（Gomon）找到一處歸宿地，在那裡建立了一個修院，被人稱為「不知疲倦者」修院（Akoimetai）。那裡以唱讚美詩聞名於世。亞歷山大於四三○年死去。

亞歷山大是個典型的修院主義者，相信人的得救途徑在於不斷祈禱，不斷讚美天使。他又帶有叛逆的性格，同情和尊重窮人。在他眼中，國家的教會人士都是些貪得無厭的傢伙，專事剝削貧民。無怪乎教會的一些執事經常抱怨，除非將亞歷山大制伏，否則他們將喪失一切生計來源。然而，教會始終未能給他以致命的打擊，他在一個地方消失了，又在另一地方聚集許多信徒，因為貧民支持他。

轉變了對醫生的觀念

中世紀的教會視拯救人們的靈魂較肉體重要，多數人不重視醫藥。影響所及，知識分子中罕見有人以醫生為職業的。有人統計：九、十世紀拜占庭的數百名學者中僅有兩名是醫生。甚至連前面所提到的精英人物凱柯曼努斯也嘲笑醫生是騙子，只知道詐取病家的錢財，直到掏盡病家的全部財產而後止。他勸告人們遠離醫師，不要相信他們的藥方，寧可注意飲食。有

些為聖徒作傳記的人，舉出許多例子，證明醫生的治療是不堪與「上帝的僕人」相比的。

然而，對人類靈魂的治療終究不能替代對肉體的治療，隨著古希臘文化的輸入，人們知道古希臘的醫藥已有了很大的發展，特別是名醫希波克拉底（Hippocrates）。再查一下，原來自己早已在七世紀時有了保羅所編的醫科教材（以希波克拉底的學說為甚礎）。所以從十一世紀開始，拜占庭對醫生的觀念有了轉變，高等學校中也有了醫藥專業。御醫尼古拉所編的《藥物學》，直到一六五一年，還作為巴黎大學的教材。

教會人士也開始改變了態度。十一世紀的神學家西門對醫生的解剖作業不無賞識地說：為了研究人體的結構而這樣操作，他們就會了解活人的內部結構，以致力於治療隱藏在內部的疾病。在潘托克拉托修道院中有個養老院，教會為此配備了醫生和護士，他們的收入包括現金和實物。這是教會的一個創新，後來有不少教會以此作為慈善事業的一部分。

十二世紀的曼紐爾一世皇帝已具備了外科知識。一天，他和耶路撒冷國王鮑德溫共同騎馬狩獵，鮑德溫不慎墜馬而骨折，曼紐爾不顧皇帝的威嚴，親自下馬跪地，為他包紮；回到安提俄克，又天天為他替換濕布，塗上油膏，重新包紮，就像照料自己的兒子那樣細心。這在當時傳為美談。

他們憎恨辨護人

如果說朱里安皇帝是公正法律的堅決者，則後來的維倫茲皇帝（Valens，三六四～三七八年在位）可說是公正法律的破壞者。此人雖有不少優點，如決心抵禦外族入侵，嚴懲貪污；

但他的致命傷追求財富，貪得無厭。上有好者，下必甚焉，以至後來貪官污吏也毫無顧忌地橫行不法了。尤其為人詬病的是，表面上他讓一切案件按照法律程序辦理，由任命的法官進行調查，由辯護人為之辯護，實際上審案完全取決於他個人的喜怒；法律無公正可言，而且輕信密告人的誣告。

辯護人制度原來是建立在法律公正的基礎上，不使出現冤假錯案。古羅馬曾出現過一些享有盛名的辯護人，著名的西塞羅（Cicero）以其雄辯的口才拯救了無數受壓制者免受殘酷的刑訊。他有一句名言：「不為人辯護也許可避免指責，但漫不經心地為人辯護則是犯罪。」在維倫茲時代出現了這樣一些辯護人，他們聯合起來買通宦官莫特斯都（Modestus）去說服皇帝，說什麼私人案件不必有勞皇帝，這會有損皇帝的尊嚴。而這位皇帝只要錢財，就任憑他們去胡作非為了。歷史學家馬賽林努斯記載當時的辯護人有四種類型。

第一種人專門在群眾之間製造不和，相互仇恨，引起訴訟，然後他們向當事人收取巨額款項，把案子拖得經年累月，直至當事人的家產耗盡才罷休。當然，這些人都能言善辯，他們會鼓起吹簧之舌，影響法官作出不公正的裁決。這應了柏拉圖的名言：「法庭演說是政府技藝一支欺騙性的學科。」他們慣於顛倒是非黑白，為害之烈不亞於向法官行賄。

第二種人自稱熟悉法律，遇到條文相互矛盾時，或者默不作聲，或者打著呵欠；有時為了表現自己，也會引用一些幾世紀前早已廢棄了的舊規。如果你暗底承認確是謀殺了母親，他們也會引証一些古奧難解的判例，使你免受處分，條件當然還必須是富有者。他們採用的手段也許不像第一種人那樣可鄙，效果是同樣的。

第三種人慣於作骯髒的交易。他們總是使事情弄得複雜

化，務使當事人無法和解，也讓法官難以判斷是非。有時向法官行賄，使他落入陷阱。

第四種人是無知之徒。他們剛從初等學校出來，只要有錢，什麼都幹；有的甚至到了法庭時才弄清當事人的姓名和訴訟內容。當他們無法充分陳述自己的意見時就濫用條文，結果自己犯了誹謗罪。有些人記不得自己究竟讀過哪本法律書，當你提到早期法律學的名詞時，他以為是某種魚類的外國名稱。當一位外國人聲稱要找某位辯護士，例如，他的名字叫馬西安的，他們都會自稱是馬西安。案子一落入他們手中，當事人不是生命、就是財產陷於險境。

群眾對這些辯護人恨之入骨，可是有維倫茲皇帝給他們撐腰，又奈何不得，剩下的辦法是推倒維倫茲的統治。歷史上曾發生過數次暴動，但都給鎮壓了。不久，維倫茲在與哥特人作戰時死去，一說是被燒死的。維倫滋的死去為健全法制提供了機會，到五世紀初西奧多希厄斯二世即位，完成了著名的西奧多希厄斯法典。

平民喜歡諷刺文學

由於拜占庭社會貧富生活差距懸殊，激起了平民和貧民對統治階層的不滿。歷史上曾發生過幾次貧民起議，但都被鎮壓了。有些作家對下層群眾的悲慘境地無限同情，對社會上的等級壁壘森嚴也是深惡痛絕的；他們無力來改變這個社會，只能靠諷刺文學來宣洩他們的情感，借題發揮，嘲笑政府和教會。這正道出了平民的心聲，受到群眾的熱愛。工餘之暇，在家庭或小酒店中談一些諷刺文學中的故事，樂呵呵地足以解悶。這

種諷刺文學通常以希臘作家琉善（Lucian，又稱Loucianos，生於公元一二〇年）嘲笑時尚的作品為模式，採用對話的形式，或是詩作，或見於敘述文。

　　十二世紀的詩人托古普羅特洛莫斯（Ptochoprodromos）寫了一首詩《窮人和它的智慧》，諷刺修道院中的教士，窮人實際上是指他自己。詩的大意是說：由於我的苦難，我常常誹謗他人。有人告訴我，你再如此作法，死後注定下地獄。我不必為地獄中的景象感到戰慄，因為我現在已經凍得發抖了。我現在所處的黑暗世界與地獄中的黑暗有何不同？主啊！請您傾聽一下剛才發生的一件事。修道院的長老在烘烤醃漬的香腸。當他們坐下來準備就餐時，我擠上去也坐下。他們說：「你是有學問的人，應當吃你自己的食物，不必凝視著我們的碟子，這些不適應你的食道。」忽然從地窖中傳出了什麼聲音，長老們以為房子將垮了，急忙離開。我乘機將香腸都吃光，對我的食道很適應。吃完了拿隻貓放在桌上。長老們見沒有出什麼事就回到餐桌上，桌上碟子空空，只有一隻貓。他們紛紛以石子向它投擲，並說：「該死的，你怎麼偷吃了這樣的美食。」

　　另一位十二世紀時代的教師寫了一篇對話形式的詩《丁馬里翁的苦難》。丁馬里翁臨死之前，先到地獄中去窺過究境。只見地獄中也是等級有別，窮人住的燈光微弱，中產階級用煤和木材生火，富人和有權勢的人燈火通明。有一個貴族依然享用著煙熏肉和家禽；在他入睡時，還有兩隻寵愛的小貓在旁舔他的鬍子。這時丁馬里翁領悟到地獄也是富人的天堂。作者實際上是嘲笑教會的偽善，他們總是幫富人講話，即使到了地獄也備受優待。

　　以諷刺詩為題材而編成的啞劇也大受民眾歡迎，以致查士丁尼皇帝不得不下令禁止主教和教士觀看這種演出，同時禁止

演員穿著教士和修女的服裝。

幽默的語言

前面談過拜占庭平民愛好諷刺文學，諷刺的對象首先是貴族。貴族憑著種種特權，作威作福，過著荒淫的生活，平民對他們強烈不滿，一些諷刺文學應運而生。諷刺文學常以幽默的筆調出現。但語言的幽默不僅限於這些文學作品，有一些歷史著作生動地記載了當時的社會風俗，運用的語言手段也是夠幽默的。我們且看四世紀西奧多希厄斯一世時期的史家馬賽林努斯（Marcellinus）是如何描寫貴族生活的。下面引他的原文：

這些貴族乘著五十輛車子來到公共浴室，旁若無人地高喊：「姑娘們哪裡去了？」如果他們見到妓女或街上賣身的浪蕩女子出現，就相互爭奪，紛紛奉承，說盡了恭維討好的話。有的說她像埃及女皇克麗奧佩特拉，有的說像女神的女兒塞米拉米（Semiramis，最愛鴿子，據說死後化成鴿子），有的說像敘利亞的瑟諾琵婭（Zenobia）。

這些人的行為是祖傳的，雖然他們認為有人在女兒面前與妻子接吻，理當受到譴責。如果有人為了歡迎他們往前擁抱，他們會像一頭憤怒的公牛立刻轉過頭去。當然，在公共浴室中與他們接吻並不礙事；最好還是跪著迎接，這樣就足夠使他們高興一生。

如果遇到外國人，他們總顯得彬彬有禮，而且盡可能去滿足他們的要求，向他們指點經常去的浴室和遊樂勝地在哪裡，裝得一本正經且有教養。

貴族之家是個滔滔不絕的閒聊場所，他們讚揚每個勛貴所講的字眼，像是喜劇中常見的諂媚之徒，而那人因此也高傲起來，像個凱旋歸來的英雄戰士。當然，客人還得讚賞一下主人大廳內的柱子如何漂亮，嵌壁的大理石如何鮮艷。臨到晚餐時，主人一一介紹餐桌上的魚肉，客人們被喋喋不休的反覆介紹厭煩死了，特別是有三十位祕書拿出記事本，詳細統計了客人和食品的數目，好像學生在學校中上課點名一樣，所缺少的只是一位教員。

　　他們對奴隸的態度很嚴厲，要是熱湯水侍候遲了些，就得責打三百鞭。但如果奴隸殺了他人，該受法律懲罰時，他們只輕描淡寫地說一下：「你能指望這些無賴做出什麼事？下次再犯，他將付出代價。」

　　普通平民在使用語言時也不乏幽默。他們愛好賭博，但從不稱之為「賭」，只說是「骰子遊戲」。有些貧無立錐之地的貧民窮得連鞋子都沒有，卻自稱是「摧毀者」、「逛街者」、「裝有各色飲料的大桶」、「貪吃的火雞」、「長柄勺子」、「豬肚子」、「醃製品」等等；雖是自嘲，頗見詼諧。

　　朱里安在歷史上的評價較高，敏而好學，辦事公正。他尊重司法權，並不總是想把自己的意志強加於人，也絕不許胡亂定罪。他在高盧時，有一位地方主管被控犯有貪污罪。此案公開審訊，他親臨主持。那位官員矢口否認貪污，其辯護詞無懈可擊。起訴人拿不出有力的證據而怒氣沖天，吼叫著：「陛下，如果否認就可定為無罪，有誰可定為有罪。」他說了句俏皮話：「如果控告就可定為有罪，有誰可定為無罪。」朱里安是精通修辭學和辯論術的。

皇帝的行李車

一一七六年，曼紐爾一世在一次戰役中，受到塞爾柱克人沈重的打擊，損失慘重，大量的金、銀、錢幣和其他貴重物品被洗劫一空。皇帝出征時為什麼要運載這麼多金銀財寶？（一）是為了顯耀其富裕程度；（二）是浩浩蕩蕩的軍隊或許可使敵人見而喪膽；（三）是隨時供犒賞之用。

曼紐爾一世寫給英國亨利二世的信中說：這次戰役中，隨軍的戰車和行李車綿延長達十哩。可見聲勢之大。事實上，拜占庭皇帝在出征時，都有龐大的行李車，不僅限於曼紐爾一世。早於曼紐爾一世之前，十世紀的君上坦丁七世寫過一本《儀禮書》（De Cerimonilis），就備載了皇帝出征時隨帶的行李車清單，其場面之浩大，是西歐任何一國君主所不能比擬的。下面舉出一些例子。

一、動物類　駄載用的驢、馬一○八六匹。其中為皇帝供應食品的計驢八十匹、馬六十二匹；駄載帝帳的計驢五十四匹、馬四十三匹；載運皇室服裝的計驢三十匹、馬十五匹。此外還有供臨時支付之用的錢庫和其他雜物。

二、食品類　有各種葡萄酒、橄欖油、豆類、大米、阿月渾子、杏仁、小扁豆、動物脂肪、奶酪、鹹魚、豬肉、羊腿、小牛肉等。

三、用具類　包括可折疊的長凳（每張可坐三人）、可折疊的桌子（長度與長凳同）、桌布、餐巾、地毯、毛毯、蓄水皮囊、熱水箱（供洗澡用）、折床等。

四、書籍類　有祈禱文、戰略書、戰爭機械工藝大全、歷史書、占卜書（預卜氣候條件）、地震圖表等。

其中最重要的當然是錢庫，包括金幣、銀幣和珠寶等。這

是為了犒賞、贈禮和沿途購物之用。它究竟有多少，無清單可查，但是從阿拉伯人的記載中也可窺知一二。

　　據載，一〇七一年的一次戰役中，塞爾柱克人從拜占庭皇帝的行李車中獲得大量財富，單是金幣就有一百萬枚。此數也許並不誇大，拜占庭皇帝私人的金幣擁有量是驚人的。據統計，九世紀時的女皇西奧多勒有七八四・八萬枚金幣；到了十世紀，巴齊爾二世的擁有量達一四〇〇萬枚；其中有掠奪所得，也有的是各方進貢。

皇帝的諍友

　　一個上帝，一個皇帝；一個天國，一個地上帝國。拜占庭帝室歷來視此為古訓，皇帝的權威絕對不可動搖。他們雖然沒有皇帝是「天之子」的觀念，因為只有耶穌是「天之子」，但對皇帝是「上帝的代理人」這一點是不容異議的。對皇帝的讚辭不絕於書，如說他充滿著愛（Philanthropeia）、虔誠（eusebeia）、智慧（Phronesis）、克制（Sophrosyne）等優秀品質。可偏偏有些皇帝不知自愛，父子相殘、兄弟鬩牆、沈湎酒色、恣意妄為等醜聞層出不窮，陷社稷於深淵。志士仁人或則揭竿而起，或則婉轉陳詞，以圖挽狂瀾於既倒。下面一些例子可以看出一些皇帝的摯友是如何進行勸誡的。

　　查士丁尼一世（五二七～五六五年在位）是個好大喜功的人，力圖恢復昔日羅馬帝國的雄姿，除了將巴爾幹半島、小亞細亞、埃及、亞美尼亞、敘利亞等地作為行省，列入版圖外，又率軍西征，將汪達爾人逐出非洲，在西班牙趕走西哥特人，在意大利逐走東哥特人。特別是與東哥特人的戰爭持續了近廿

年，耗盡兵力、財力，使帝國經濟處於崩潰邊緣。

索菲亞大教堂的副祭阿迦佩多斯（Agapetus）及時向皇帝進諫：「陛下應如船隻的舵手，經常牢固地掌握住方向。在航程中，一名水手犯了錯誤，對乘客的傷害不大；但如舵手發生錯誤，會對整艘船隻造成災難性的後果。對國家也是如此：一個下屬做錯了事，對整個社會的傷害不會超過他本人；但如統治者作出不公正的決定，就會危害整個國家，因此他必須考慮到自己所承擔的重大責任。陛下要取得所有臣民的尊敬，就必須施惠於所有人。再也沒有什麼事情能比施惠於需要者更為重要，它會使人們對陛下保持友善關係。以恐懼心情來侍奉陛下，結果只是虛偽的美言諛詞，接踵而來的便是虛假的忠誠。」

如果說阿迦佩多斯的陳詞還比較婉轉，則另一位尼古利查斯（Nikulitzas）的上書就直言不諱了。他是十二世紀人，寫了一篇上皇帝書，題為《勸辭》（Logos nouthetetikos），託人呈上。也有人考証這篇文章不是他寫的，而是十一世紀的一位作家。文稱：有人說，陛下不從屬於法律，本人就是法律。我同意此說。無論陛下以怎樣的善意來行動和立法，我們都服從。但如果說：「服下毒藥。」人們當然不會遵從。又如說：「像潛水員那樣去渡海吧。」連你也不能做到。因此，作為同樣是人的皇帝，必須服從虔誠之律。陛下的行為是人類的典範，人們注視著並模仿著。如果是善，人們立刻就效法；如果是應受譴責的惡行，人們也將如此行事。我懇切希望陛下應具備四種德性，即：靈魂的勇氣、公正、克制和智慧。人心渴望寬髯，陛下應去各地視察，去了解貧民如何受到不公正的對待，那些稅收吏正在幹些什麼。對待貧民錯了，就要即刻改正。你還得去看看各處要塞，其情勢如何，其損壞程度如何。

這樣國家就可得到安寧。

上書的作者特別注意到貧民的問題。那時社會的貧富差異很大，不僅在農村中有貧民，城市也如此。特別是在七世紀埃及為波斯攻占之後，那裡的貧民大量流入首都，工作無著，淪為乞丐，浪跡街頭，等待救濟。九世紀有位修士安得魯對此留下生動的記載。他持著許多錢幣走訪貧民窟，幾乎與貧民發生衝突。他立刻將錢幣散在地上，一下子就被分光。這位修士所描寫的貧民窘相也許並不出於惡意，客觀上反映了當時貧民所處的窮境。

諍友的上書苦諫並非徒費口舌，一些聰明的皇帝知道自己只是形式的「上帝代理人」，並未擁有絕對的權威，他可能隨時被軍人所廢黜，而廢黜的理由往往是皇帝的行為失德。

一個平民與皇帝的辯論

中世紀很少有國王堪與拜占庭皇帝的權力相比，拜占庭皇帝形象的崇高性幾乎無法用言語表達。最初，他繼承了古羅馬的稱號Imperator，意思是總司令和立法者，有時也稱Augustus，即應受崇敬者。羅馬帝國從戴克里先（Diocletian，二八四～三〇五年在位）開始，出現東西兩帝，他們的稱號都是Augustus。查士丁尼曾自豪地說：「還有什麼比皇帝更偉大、更神聖？」以後又增加了些稱號，如Autocrator、Despotes，都是擁有絕對權力的意思。從七世紀開始，有了希臘化的稱號Basileus，表明他是最高、最偉大、最忠於基督的皇帝。

然而，皇帝的權力並非無限。在九世紀以前，沒有皇位繼

承法，從理論上說，那時的皇帝或是由元老院、公民和軍隊選舉產生，或是由正在統治的皇帝指定繼承人。事實上很多是篡位者。直到九世紀時出現了馬其頓王朝，才有皇室血統繼承的習慣，以後各王朝持續下去；當然，篡位的事還時有發生，因此皇帝的朝政在一定程度上還得聽取各方意見，以免被認為失德而失去了皇位。在查士丁尼時代，有一份檔案記載了綠黨如何與皇帝對抗的事件。此事緣起於一個宮廷大臣攻擊綠黨，涉及到皇帝左袒藍黨的問題。於是在雜技場進行辯論。皇帝坐在包廂內，由一名助手按照他的意旨代為傳言。綠黨也派出了代表。辯論針鋒相對，可摘錄一段來說明其激烈的程度。

綠黨代表（以下簡稱綠）說：「我皇萬歲，祝你勝利。我是受害者。上帝知道，多年來我一直深感悲哀，但我害怕提到那個迫害者的名字，他正不可一世，會危害我的安全。」皇帝傳言者（以下簡稱傳）：「他是誰？我不清楚。他做錯了什麼？」綠：「陛下，你很熟悉，他就是宮內大臣，我此刻正受他迫害。」傳：「他與你並不相干。」綠：「他要使我像猶大那樣被消滅。願上帝報復他。」傳：「你到這裡，不看雜耍，卻敢侮辱你的統治者。」綠：「誰對我不公正，就要像猶大一樣被消滅。」傳：「住嘴，你這猶太人。」綠：「你竟毀謗我是猶太人？聖母與我同在。」傳：「你什麼時候可以停止縵罵。」綠：「如果誰否定陛下是正統教徒，讓他逐出教門，像個猶太人。」傳：「你再敢抗拒，要殺你的頭。」綠：「每個人都想當權，可保証個人的安全。陛下不會因我處在從屬地位的發言而感到震怒，因為上帝傾聽一切申訴。我有理由此刻要提到這件事：我不知道宮廷在哪裡？

政府在哪裡？」傳：「每個人在這裡都是自由的，想去哪裡就往哪裡，沒有什麼危險。」綠：「人們告訴我是自由的，可惜我不能使用我的自由。一個自由人如果被懷疑是綠黨，他必然會當眾受罰。」傳：「你不想再關心自己的生命了嗎？你想去死嗎？」綠：「如果有一個綠黨被帶走，正義也就消失了。你可定我犯了謀殺罪，合法地給我判罪，但人類本質是不能容忍的。陛下的父親絕不會養育出一個兒子被稱為謀殺者。今天有第二十八個人被判謀殺罪，他早晨還是個雜耍觀眾，下午接受屠刀。我要與這些人辯論，他們說這是上帝安排的。什麼時候上帝帶來了這一令人悲痛的信息？」傳：「上帝不會受魔鬼的誘惑？」綠：「那麼是誰加害我？」傳：「可恥的誹謗！什麼時候你可安靜下來？」綠：「承陛下的恩典，我住嘴了，雖然我還不想。我知道得太多了，但不會再說。再見吧！正義，你不時髦了。」

這位綠黨平民的用詞如此尖銳、大膽、竟呼皇帝為謀殺者，反映出當時的階級矛盾已很突出。辯論中，綠黨諷刺查士丁尼是「正統教徒」，是指這位皇帝在五四五年公布了敕令，承認羅馬教會的至高地位，是皇帝的精神領袖，拜占庭教會從屬於羅馬。

蒸汽的效用

教科書上都曾提到，十八世紀的英國已知道了蒸汽的威力，出現蒸汽機，推動了工業革命，可是拜占庭人怎樣利用過

蒸汽的壓力卻鮮為人知。六世紀時的拜占庭史家阿加西阿斯（Agathias）的《歷史》中記載了這樣一個事實。

有一位著名的律師齊諾（Zeno），他是安泰繆斯（Anthemius）的鄰居，他們的居屋聯在一起，只有一牆之隔。這位新近遷入的齊諾築了樓廳，超出了一般高度，擋住了安泰繆斯的視線。雙方為此引起爭執，訴諸法庭。齊諾是律師，能言善辯，安泰繆斯最終敗訴，於是他決定採用物理手段來報復。

齊諾在樓上有間寬大的客廳，裝潢精緻，在它下面湊巧有一部分屬安泰繆斯的住屋。安泰繆斯將水裝滿了許多水壺，分置在室內各處。水壺包有皮囊，皮囊的底部寬、頂部窄，就像倒置的喇叭，皮囊頂部用柱條和板塊釘死。然後在壇下點火，水加熱後揮發成蒸汽，進入皮囊，愈來愈密。由於底寬頂窄，蒸汽速度加快又無法散出，就將整個皮囊與水壇托起，猛撞天花板，使樓上齊諾的房間為之震動，甚至家具也傾倒。齊諾以為發生了地震，逃至街上，探問行人對地震有何感覺，怎麼沒有死人？他們的答覆是：「滾開！」「住嘴！」「哪有什麼地震？」

故事的真實性如何，不得而知，但至少可以說明六世紀的拜占庭史家阿加西阿斯已知道蒸汽的威力。

選舉皇帝的儀式

法國國民圖書館中藏有一幅十世紀時的畫稿（編號grec. 139），畫的是一位拜占庭人被選為皇帝時所舉行的儀式。眾人抬著一張很大的盾牌，皇帝站在中央，另有人準備將冠冕替

他戴上。這幅畫不是虛構出來的，它反映了當時的實際情況。

馬其頓王朝以前的皇帝並非世襲，而是由元老院、軍隊、市民選舉產生，誰被選上，就要舉行這種儀式。這時皇帝站在士兵中間，先被授予黃金環圈，象徵帝國的光輝四照。然後使他站在盾牌中央，眾人將它托起。盾牌象徵勇敢的武士。這樣就完成了選舉的儀式。儘管後期的皇帝不是由選舉產生，但在正式的加冕典禮之前還得舉行這種儀式。早先是在廣場上舉行，以後改在大主教的宮邸內，面向聚集的群眾。儀式完畢之後，皇帝照例還得宣誓：忠於宗教信仰，保証實現仁慈和公正的統治。

這一儀式始行於朱里安皇帝時代，一直持續到拜占庭末期。站在盾牌上原來是日耳曼人的習慣，三、四世紀時日耳曼人居住在拜占庭帝國內的很多，拜占庭人接受了這一風俗。它不見於先前的羅馬帝國，這是「蠻族」文化對拜占庭的影響。之所以引進，是為了表示皇帝必須得到群眾的支持，記住是誰把你抬起來的。

威容可觀的朝儀

拜占庭皇帝自視為神的代理人，帝國且一度稱霸於地中海沿岸，各方來朝。儀式是權力的象徵，作為強大且威名遠揚的帝國之君，宮廷儀式自不可不講究排場和威勢。

君士坦丁七世寫過一本《論儀式》，就是要講清楚儀式的重要意義。他說，有價值的儀式會使皇帝的權力顯得更有尊嚴，更增長它的威信，同時可激發外邦人和本國臣民的欽佩之情。如果我們忽略了這一點，帝國就會顯得無可稱道，失去它

的光輝，或者會被人認作是亂糟糟組合成的群體。這樣，國家與沒有教養者就成了同義詞。

皇帝既然特別講究宮廷儀式，各方自然為之矚目，所以留下的記載也多。有一位十世紀時的意大利使節利烏特普朗（Liudprand）主教來到君士坦丁堡，他記下覲見皇帝時的情景：宮廷內有披金的許多獅子護衛，有時以尾擊地，有時發出吼聲，有時靠在兩個宦官的肩上。我被引見時，獅子發出了吼聲。我既不震恐，也不驚奇，因為我早從別人那裡預先得知了。我在皇帝面前匍伏三次，然後再仰首看他。御座最初僅稍許高出地面，不知是什麼機關使御座升高，接近天花板。皇帝沒有直接對我說什麼，也許是因我們距離太遠。他只是通過近臣，向我的國王問好。我作了合宜的答覆，譯員點點頭。然後我即離宮回到為我安排的居處。

十四世紀的一位作家考迪努斯（筆名）記載了邁克爾八世接見熱那亞和威尼斯使節的情況。皇帝的態度對兩者有差別：熱那亞使節被引入接見廳，他們吻了皇帝的足和手，並脫帽屈膝兩次。威尼斯的使節則並未被引入接見廳，也未奏樂，受到冷待，他們自然也不吻足和屈膝。看來宮廷儀式並不一律，而是區別對待。

最重要的是加冕儀式。有人記下了曼紐爾二世在一三九二年加冕時的盛況，其宏偉場面不僅是三呼「萬歲」而已。牧首先輕聲為皇帝祝聖，念了三遍「聖哉」，接著執事長三次高呼「聖哉」，使滿堂都能聽到，於是參加儀式的所有在場者都三呼「聖哉」。如是儀式再接著循環兩次，形成莊嚴隆重的氣勢。然後再由牧首正式將皇冠戴在皇帝頭上，皇帝另持后冠為皇后戴上，於是走下聖壇，坐上御座。唱詩班唱起了讚美詩，大意是：「祝吾皇吾后萬壽無疆！榮耀歸於上帝，他將皇冠給

了吾皇吾后！」這樣須反覆吟唱數遍。儀式完畢後，皇帝才騎著馬由教堂回到宮內，這是為了夾道群眾都有一睹帝皇風采的機會。根據拜占庭的習慣，同時可有兩個皇帝並存，往往是父皇另立其子為皇帝（或稱副皇帝），共同執政。在這種情況下，舉行加冕儀式，就由父皇為兒子戴上皇冠。

皇帝設宴招待外國貴賓時，大抵根據兩個原則：一是本國顯貴和將軍的席次最前，因為他們是有功之臣，且象徵帝國的榮譽。其次，東方使節的座次優於西方使節，除非西方使節是主教。在拜占庭人眼中，西方人是野蠻人，通常稱之為「法蘭克」（Franks），意思是他們源自「野蠻的」日耳曼人。Frank 這詞的語源是古高地德語Franko，作「標槍」解。

民間節日風俗

拜占庭的節日不限於教會的節日，還有許多民間節日。民間節日給人們歡樂、愉快，較之教會的節日更受群眾歡迎。它沒有那種刻板的儀式和嚴肅的氣氛，顯得活潑、自由，更能抒發無拘無束的情感。在奧林匹克節日中，有賽詩會、音樂比賽、體育比賽，加上晚間的各種演出。婦女可以與男子比賽唱歌，賽詩會（ekphraseis）視其朗讀的聲調和表現評出高下，真是熱鬧非凡。新年的五天節日中，街上會出現帶上各色假面的群眾，觀看街頭演出。這種假面化妝也傳入宮庭。每當「顯現節」（Epiphany，指耶穌曾三次向世人顯示其神性）前夕，宮中會舉行假面宴會，由藍黨、綠黨人員表演戰鬥舞，持著盾、棒。這種舞蹈起源於哥特人，它顯然已完全脫離「顯現節」原來的宗教意義。在慶祝城市誕生日的節日中，一定的區

域內堆滿鮮花和糕餅，還有玫瑰花織成的十字架。葡萄收穫時期，人們會站在葡萄酒皮囊上扮作傻子。有一位文學評論家約書亞（Joshua）描繪了埃德薩（Edessa）的節日盛況：

> 「無數的火炬從劇院大門出發，沿著街道，直往城門走去，給節日添加了神祕又莊重的氣氛。他們在劇院中已集合了七天，穿著簡單的村衣並包著頭巾，然後持著火炬和香爐出發，整晚唱著、喊著。」

群眾自己節日的熱烈場面，至少在形式上是對教會節日的一種挑戰。教會想盡一切辦法希望排除這種節日，但無可奈何，只能容忍，因為連許多教士也捲入這歡樂的節日中去了。例如在收穫日的節日中，有些主教照例要到葡萄園去祝福，首先將葡萄獻給皇帝，然後皇帝將葡萄送給勛貴。這時，一些歌手唱起了讚美詩，接著就出現了歡樂的場面。這能禁止得了嗎？事實上皇帝也是喜歡湊熱鬧的，他經常會去競技場觀賞為勝利者的喝采，以及競賽結束後的舞蹈表演。

音樂要為社會服務

拜占庭的音樂是教會音樂的天下，他們創造了一種獨特的讚美詩形式，每句應有同數的音節（Isosyllable），同樣的音節應有相符的聲調（Homotone）。同時，拜占庭又盛行音樂劇，內容不外乎《聖經》中的道德教誨。這類嚴肅的音樂固然可以在肅穆的氣氛中，以其優雅的音調，加強人們的宗教情感，但與世俗生活脫離過遠；人們在工作之餘，不僅是祈禱或

吟唱讚美詩，還需要歡樂的歌唱來抒發對人生的激情，或者通過音樂來慰藉不幸的遭遇。

哲學家普賽洛斯（Psellos）是個人文主義者，他反對先前一些思想家那樣總是割裂音樂與現世的聯繫，似乎音樂只是純粹發揮天使般的能量；他堅持音樂作為一種能普遍被接受的韻律節奏，應該與人們的日常生活聯結，特別要與社會上所發生的一切重大事情配合。這正是希臘古典的精神所在。他說：「音樂中所釋放出的巨大能量應擴展到各個領域。」他慨歎：「先前希臘人各式各樣的音樂、歌曲、舞蹈都是為了人生中所發生的每件事情服務，今天這樣的回聲已聽不到了。」

普賽洛斯「音樂應為社會服務」的觀點，使他作為一個人文主義者是當之無愧的。但他不敢直接攻擊教會音樂，也沒有必要。他不貶低宮廷音樂，因為有皇帝支持；而對街上唱的市井小曲又不屑一顧，認為粗鄙可厭；他所讚賞的是「懷舊音樂」，留戀古希臘人音樂與生活緊密地聯繫。無論如何，這種理論的出現，象徵著拜占庭浮現在表面的宗教觀念中已潛伏著世俗化因素，這是當時的西方世界遠不能及的。

善於讀書的福修斯

福修斯（Photius）是君士坦丁堡的大主教，一生為堅持東方教會的獨立性而與羅馬教皇作不懈的鬥爭，曾被教皇逐出教門。他將西方比擬為「可憐的拉丁人」，而東方教會則有豐富的希臘遺產。他愛好閱讀古希臘和當代人的著作，但又不是囫圇吞棗。他善於評論，留傳下來的作品中有許多他的批語，也許我們會感到興趣。

希羅多德（Herodotus，希臘歷史家）。他愛好老婦饒舌，以迷人的情感扯得太遠，有時搞混了歷史和文學的區別，失去了它的正確性及特性。

愛斯基內斯（Aischines，希臘修辭學家）。他使用語言的修辭手段，但沒有創造出藝術語言的效應。然而，這種風格與主題的需要一致。他的風格直率，適應公共演說和對話。

伊索克拉底斯（Isokrates，希臘演說家）。他的特性是純潔和明白清晰，尤其注意演說的技巧，但不免易於陷入多餘的條理和過分的精緻，因此缺乏情趣。

琉善（Lucian，羅馬哲學家）。他的作品布局完善，使讀者不曾感到是在讀散文，似乎是令人愉快的歌曲溜進耳朵。簡單說來，他的風格迷人，又緊靠它的主題。

海里奧多洛斯（Heliodoros，希臘文學家）。作品激動人心，風格與主題協調，簡潔而又富於魅力，敘事因現實中往往有許多不測事件而顯出多樣化。他以清楚的語言表達人們怎樣脫出險境，從而打動人心。即使那時要求語言的修辭，他則平易生動地描繪出主題。（意思是海里奧多洛斯不講究修辭，清楚明白的語言同樣激動人心。）

狄翁·卡西烏斯（Dion Cassius，希臘歷史家）。其風格雄偉而崇高，反映出重大事件的意義。其措辭強烈帶有古風，語言與內容相稱。那時代盛行擴展的插入句和弄糟了的倒裝句。使用韻律和突然中斷的文體必須當心，否則會導致普通讀者缺乏明晰的理解。

恩諾米奧斯（Ennomios，演說家）。作品簡練有力且辛辣，令讀者幾乎壓得透不過氣。太多的濃縮句、插入句和不完全句，使整個作品顯得晦澀。他的目的是要用雄辯的口才征服讀者，但超過了他的能力。其思想內容貧乏。

席摩喀他（Theophylaktos Simocatta，拜占庭歷史家。原是埃及人）。文體雅致，但過於應用形象化的比喻和寓言式的教誨，使人讀來索然無味。再有，不時突然揮入一些道德上的情感。這樣自我誇耀是多餘的。

　　坎迪多斯（Kandidos，拜占庭歷史家）。他的文體不適宜寫歷史，充滿拖拖拉拉的孩子氣和索然無味的理想化。作品粗糙不協調，一會兒極度擴張，一會兒漫不經心，整個著作難以卒讀，毫無引人入勝之處。他的歷史著作只能說是各種矛盾的材料拼湊在一起。

　　福修斯大主教可說是文藝評論家，邊讀邊批。看來他對修辭學有相當研究。對歷史他更感興趣，除了上述諸書外，至少還讀過畢達哥拉斯傳記、阿波羅尼烏斯傳記等。他是以存疑的態度來讀歷史，不被史書牽著鼻子走。狄奧倪索斯（Dionysius）是古代的歷史學家，以其名出現的偽作也不少。有一天，福修斯和教士齊奧杜對他的一部作品辨別真偽時，齊奧杜認為是真品。福修斯發問：「這些著作怎麼會對儀式和習慣敘述得這樣詳盡，它們乃是在教會建立起來後才逐漸形成，這不是有很長的過程嗎？而且根據《使徒行傳》，狄奧倪索斯與諸使徒是同時代人，他不可能這樣說，顯然這段關於儀式和習慣的記載是編造出來的。」由此我們可以看出福修斯的認真讀書態度。要不是當了大主教還必須閱讀許多宗教典籍，他完全可以成為道地的文藝評論家或歷史考據學家。

　　愛好讀書的風氣也傳到了宮廷，一些胸無點墨的君主是很難有所作為的。朱里安（Julian，三六一～三六三年在位）將夜間分為三個階段，一個階段睡眠，一個階段處理公務，剩下的時間讀書。他幾乎讀完所有的希臘哲學，這使他在演說和書信中充分體現出高超的修辭學技巧。他對拉丁語像希臘語一樣

精通，閱讀用拉丁文書寫的報告毫無困難。書本給了他智慧，也培養了他的德行。他說過：「馱鞍是放在馬背上的，對我從來不成為包袱。」

拜占庭的十個王朝

一、君士坦丁王朝

君士坦丁一世（Constantine Ⅰ，三二三～三三七年在位）
君士坦修斯二世（Constantius Ⅱ，三三七～三六一年在位）
朱里安（Julian，三六一～三六三年在位）
朱維安（Jovian，三六三～三六四年在位）
維倫茲（Valens，三六四～三七八年在位）

二、西奧多希厄斯王朝

西奧多希厄斯一世（Theodosius Ⅰ，三七九～三九五年在
　　　　　　位）
阿卡迪奧斯（Arcadios，三九五～四〇八年在位）
西奧多希厄斯二世（Theodosius，四〇八～四五〇年在
　　　　　　位）
馬基翁（Marcian，四五〇～四五七年在位）
利奧一世（Leo Ⅰ，四五七～四七四年在位）
利奧二世（Leo Ⅱ，四七四年在位）
齊諾（Zeno，四七四～四九一年在位）
阿納斯泰希厄斯一世（Anastasiusl，四九一～五一八年在
　　　　　　位）

三、查士丁尼王朝

查士丁一世（Justinl，五一八～五二七年在位）

查士丁尼一世（Justinianl，五二七～五六五年在位）

查士丁二世（Justin II，五六五～五七八年在位）

泰比里厄斯二世（Tiberiush II，五七八～五八二年在位）

莫里斯（Maurice，五八二～六〇二年在位）

福卡斯（Phocas，六〇二～六一。年在位）

四、希拉克利厄斯王朝

希拉克利厄斯（Heracilius，六一〇～六四一年在位）

君士坦丁三世（Constantine III，六四一年在位）

希拉克利奧納斯（Heraclonas，六四一年在位）

君士坦斯二世（Constans II，六四一～六六八年在位）

君士坦丁四世（Constantian IV，六六八～六八五年在位）

查士丁尼二世（Justinian II，六八五～六九五年在位）

利昂希厄斯（Leontius，六九五～六九八年在位）

泰比里厄斯三世（Tiberius III，六九八～七〇五年在位）

查士丁尼二世復位（七〇五～七一一年在位）

菲利皮克斯（Phillippicus，七一一～七一三年在位）

阿納斯泰希厄斯二世（Ariastasius III，七一三～七一五年
在位）

西奧多希厄斯三世（Theodosius III，七一五～七一七年在
位）

伍、艾索里王朝

利奧三世（Leo Ⅲ，七一七～七四一年在位）
君士坦丁五世（Constantine Ⅴ，七四一～七七五年在位）
利奧四世（Leo Ⅳ，七七五～七八〇年在位）
君士坦丁六世（Constantine，七七五～七八〇年在位）
艾琳（Irene，七九七～八〇二年在位）
奈塞弗勒斯一世（Nicephorus Ⅰ，八〇二～八一一年在
　　　　　　　　位）
斯托雷希厄斯（Stauracius，八一一年在位）
邁克爾一世（Michael Ⅰ，八一一～八一三年在位）
利奧五世（Leo Ⅴ，八一三～八二〇年在位）
邁克爾二世（Michael Ⅱ，八二〇～八二九年在位）
西奧菲勒斯（Theophilus，八二九～八四二年在位）
邁克爾三世（Michael Ⅲ，八四二～八六七年在位）

六、馬其頓王朝

巴齊爾一世（Basil Ⅰ，八六七～八八六年在位）
利奧六世（Leo Ⅵ，八八六～九一二年在位）
亞歷山大（Alexender，九一二～九一三年在位）
君士坦丁七世（Constantine Ⅶ，九一三～九五九年在位）
羅梅納斯一世（Romanus Ⅰ，九二〇～九四四年在位）
羅梅納斯二世（Romanus Ⅱ，九五九～九六三年在位）
奈塞弗勒斯二世（Nicephorus Ⅱ，九六三～九六九年在
　　　　　　　　位）
約翰一世（John Ⅰ，九六九～九七六年在位）

巴齊爾二世（Basil II，九七六～一〇二五年在位）

君士坦丁八世（Constantine VIII，一〇二五～一〇二八年在位）

羅梅納斯三世（Romanus III，一〇二八～一〇三四年在位）

邁克爾四世（Michael IV，一〇三四～一〇四一年在位）

邁克爾五世（Michael V，一〇四一～一〇四二年在位）

佐伊及齊奧杜拉（Zoe, Theodora，一〇四二年在位）

君士坦丁九世（Constantine IX，一〇四二～一〇五五年在位）

齊奧杜拉復位（一〇五五～一〇五六年在位）

邁克爾六世（Michael VI，一〇五六～一〇五七年在位）

七、杜卡斯和康尼納斯王朝

艾薩克一世（Issac I，一〇五七～一〇五九年在位）

君士坦丁十世（Constantine X，一〇五九～一〇六七年在位）

尤多西阿（Eudocia，一〇六七年在位）

羅梅納斯四世（Roman IV，一〇六八～一〇七一年在位）

尤多西阿復位（一〇七一年在位）

邁克爾七世（Michael VII，一〇七一～一〇七八年在位）

奈塞弗勒斯三世（Nicephorus III，一〇七八～一〇八一年在位）

亞歷克修斯一世（Alexius I，一〇八一～一一一八年在位）

約翰二世（John II，一一一八～一一四三年在位）

曼紐爾一世（Manuel Ⅰ，一一四三～一一八〇年在位）

亞歷克修斯二世（Alexius Ⅱ，一一八〇～一一八三年在
　　　　　位）

安德魯尼柯斯一世（Andronicus Ⅰ，一一八三～一一八五
　　　　　年在位）

八、安格里王朝

艾薩克二世（Issac Ⅱ，一一八五～一一九五年在位）

亞歷克修斯三世（Alexius Ⅲ，一一九五～一二〇三年在
　　　　　位）

艾薩克二世復位（一二〇三～一二〇四年在位）

亞歷克修斯四世（Alexius Ⅳ，一二〇三～一二〇四年在
　　　　　位）

亞歷克修斯五世（Alexius Ⅴ，一二〇四年在位）

九、尼西亞諸皇
　　　（此時君士坦丁堡為拉丁人所占，遷都尼西亞）

西奧多一世（Theodore Ⅰ，一二〇四～一二二二年在位）

約翰三世（John Ⅲ，一二二二～一二五四年在位）

西奧多二世（Theodore Ⅱ，一二五四～一二五八年在位）

約翰四世（John Ⅳ，一二五八～一二五九年在位）

邁克爾八世（Michael Ⅷ，一二五九～一二六一年在位）

十、佩利奧洛格斯王朝

邁克爾八世（一二六一～一二八二年在位）

安德魯尼柯斯二世（Andronicus II，一二八一～一三二八
年在位）

邁克爾九世（Michael IX，一二九四～一三二〇年在位）

安德魯尼柯斯三世（Andronicus III，一三二八～一三四一
年在位）

約翰五世（John V，一三四一～一三七六年在位）

約翰六世（John VI，一三四七～一三五四年在位，與五世
共治）

安德魯尼柯斯四世（Andronicus IV，一三七六～一三七九
年在位）

約翰五世（一三七九～一三九一年復位）

約翰七世（John VII，一三九〇年在位）

曼紐爾二世（Manuel II，一三九一～一四二五年在位）

約翰八世（John VIII，一四二五～一四四八年在位）

君士坦丁十一世（Constantine XI，一四四八～一四五三年
在位）

編按·根據百度百科，拜占庭帝國（395～1453 年），即
東羅馬帝國，歷經十二個五朝，九十三個皇帝，是歐洲歷
史上最久的君主制國家。

國家圖書館出版品預行編目資料

拜占庭的智慧／龔方震著 -- 初版 --
新北市：新視野 New Vision，2020. 04
　　面；　　公分--
　　ISBN 978-986-98808-2-4（平裝）
　　1. 文化　　2. 拜占庭帝國
740.229　　　　　　　　　　　　　　109001916

拜占庭的智慧

龔方震　著

主　　編　顧曉鳴
企　　劃　林郁工作室
出　　版　新視野 New Vision
責　　編　林郁、周向潮
　　　　　電話：（02）8666-5711
　　　　　傳真：（02）8666-5833
　　　　　E-mail：service@xcsbook.com.tw

印前作業　菩薩蠻數位文化有限公司
印刷作業　福霖印刷有限公司

總 經 銷　聯合發行股份有限公司
　　　　　新北市新店區寶橋路 235 巷 6 弄 6 號 2F
　　　　　電話 02-2917-8022
　　　　　傳真 02-2915-6275

初版一刷　2020 年 05 月